Bibliografische Information Der Deutschen Nationalbibliothek
Die Deutsche Nationalbibliothek verzeichnet diese Publikation in der Deutschen Nationalbibliografie; detaillierte bibliografische Daten sind im Internet über http://dnb.ddb.de abrufbar.

Peter Seele
Künstliche Intelligenz und Maschinisierung des Menschen
Schriften zur Rettung des öffentlichen Diskurses, 1
Köln: Halem, 2020

http://www.halem-verlag.de

Print: ISBN 978-3-86962-512-6
E-Book (PDF): ISBN 978-3-86962-513-3
E-Book (EPUB): ISBN 978-3-86962-514-0

ISSN 2699-5832

UMSCHLAGGESTALTUNG: Claudia Ott, Düsseldorf
UMSCHLAGFOTO: Getty Images, by Peepo
LEKTORAT: Rabea Wolf
SATZ: Herbert von Halem Verlag
DRUCK: docupoint GmbH, Magdeburg

Schriften zur Rettung des öffentlichen Diskurses

Peter Seele

Künstliche Intelligenz und Maschinisierung des Menschen

HERBERT VON HALEM VERLAG

Die Reihe *Schriften zur Rettung des öffentlichen Diskurses*

Warum ist der Lager übergreifende öffentlich-demokratische Diskurs gefährdet, ja geradezu ›kaputt‹? Weshalb ist der öffentliche Wettbewerb auf dem Marktplatz der Ideen ins Stocken geraten? Und welche Rolle spielen dabei Digitalisierung und Algorithmen, aber auch Bildung und Erziehung sowie eskalierende Shitstorms und – auf der Gegenseite – Schweigespiralen bis hin zu Sprech- und Denkverboten?

Die Reihe *Schriften zur Rettung des öffentlichen Diskurses* stellt diese Fragen, denn wir brauchen Beiträge und Theorien des gelingenden oder misslingenden Diskurses, die auch in Form von ›Pro & Contra‹ als konkurrierende Theoriealternativen präsentiert werden können. Zugleich gilt es, an der Kommunikationspraxis zu feilen – und an konkreten empirischen Beispielen zu belegen, dass und weshalb durch gezielte Desinformation ein ›Realitätsvakuum‹ und statt eines zielführenden Diskurses eine von Fake News und Emotionen getragene ›Diskurssimulation‹ entstehen kann. Ferner gilt es, Erklärungen dafür zu finden, warum es heute auch unter Bedingungen von Presse- und Meinungsfreiheit möglich ist, dass täglich regierungsoffiziell desinformiert wird und sich letztlich in der politischen Arena kaum noch ein faktenbasierter und ›rationaler‹ Interessensausgleich herbeiführen lässt. Auf solche Fragen Antworten zu suchen, ist Ziel unserer Buchreihe.

Diese Reihe wird herausgegeben von Stephan Russ-Mohl, emeritierter Professor für Journalistik und Medienmanagement an der Università della Svizzera italiana in Lugano/Schweiz und Gründer des *European Journalism Observatory*.

Widmung an die Digitalisierer: Die digitale Libelle

Die Freuden
Es flattert um die Quelle
Die wechselnde Libelle,
Mich freut sie lange schon;
Bald dunkel und bald helle,
Wie der Chamäleon,
Bald roth, bald blau,
Bald blau, bald grün;
O daß ich in der Nähe
Doch ihre Farben sähe!

Sie schwirrt und schwebet, rastet nie!
Doch still, sie setzt sich an die Weiden.
Da hab' ich sie! Da hab' ich sie!
Und nun betracht' ich sie genau
Und seh' ein traurig dunkles Blau –

So geht es dir, Zergliedrer deiner Freuden!

Johann Wolfgang von Goethe (1769)

Dieses Gedicht ist gewidmet: Mark Zuckerberg, Eric Schmidt, Sergey Brin, Tim Cook, Jeff Bezos, Jack Dorsey, Evan Spiegel, Kevin Systrom, Elon Musk, Peter Thiel, Jack Ma, Chung-Won Shu, Paul Nakasone, Igor Kostjukow, Bruno Kahl, Geng Huichang sowie allen Geheimdiensten und allen App-Programmierern und -Betreibern weltweit, die private Daten auslesen, maschinell verarbeiten, sowie diese Daten vermarkten oder entsprechende Technologien entwickeln oder ausreifen. Kurz: An alle, die die Maschinisierung des Menschen bewusst oder unbewusst vorantreiben.

Peter Seele, Bosco Luganese am 26. November 2019

Inhaltsverzeichnis

Us and Them
And after all we're only ordinary men

Pink Floyd
»The Dark Side of the Moon« (1973)

Die Mensch-Maschine
Halb Wesen und halb Ding
Die Mensch-Maschine
Halb Wesen und ein Überding

Kraftwerk
»Mensch-Maschine« (1978)

You know where to find me,
on your telephone screen
Please electrify me,
power my battery
I need your energy,
To store all your memory.

Poppy
»I am Poppy« (2017)

VORWORT DES HERAUSGEBERS STEPHAN RUSS-MOHL

Ohne ein gerüttelt Maß an Selbstironie und vielleicht ja auch Selbstüberschätzung geht das nicht: eine Buchreihe gründen, die zur »Rettung des öffentlichen Diskurses« beitragen möchte. Die Wahrscheinlichkeit ist ja weiterhin groß, dass Ironie missverstanden wird, sei es intentionslos, sei es absichtsvoll. Und da bekanntlich des Öfteren ›gut gemeint‹ sich als das Gegenteil von ›gut‹ oder ›gut gemacht‹ erweist, sind wir darauf gefasst, mit unserem Ansinnen der Überheblichkeit bezichtigt zu werden. Wir, das sind ein alternder ›Medienprofessor‹ als Reihenherausgeber und ein abenteuerlustiger Verleger, der fraglos zu denen zählt, welche die notleidende Buch- und Print-Branche aufmischen.

Andererseits haben wir, noch bevor der erste Titel erscheint, uns umgehört und positive Rückmeldungen erhalten. Zumindest gilt es, Kräfte zu bündeln und für ein ziviles Miteinander gemeinsam zu streiten – für Lernbereitschaft, für rationale, problemlösungsorientierte Diskurse, die Kompromisse möglich machen. Es gilt nach Wegen zu suchen, wie wir Hassbotschaften und Destruktivität, Verlogenheit und Dummheit mit Erfolgsaussicht bekämpfen können, statt ihnen eine Bühne zu bieten und zu noch mehr Aufmerksamkeit zu verhelfen.

Der Auftakt

Um potenziellen Kritikern wenigstens etwas Wind aus den Segeln zu nehmen: Wir starten diese Reihe mit einem Band, der sich allerdings gerade nicht dem Habermas'schen deliberativen und herrschaftsfreien Diskurs unter Menschen in einer demokratischen Zivilgesellschaft befasst. Es geht diesmal auch nicht um Meinungs-, Pressefreiheit und Menschenrechte, die in einer rechtsstaatlichen Demokratie zu schützen wären, was, bedauerlicherweise stets nur unvollkommen gelingt. Stattdessen wagt sich der Philosoph und Medienethiker Peter Seele weit vor – und ergründet, wie diskurs- und kommunikationsfähig Alexa, Siri und andere ›Roboter‹, sprich Computerprogramme, inzwischen sind und absehbar in Zukunft sein werden, wenn es nicht um triviale Alltagsprobleme (»Alexa, schalte die Heizung ein«; »Siri, was ist eine Lungenembolie?«), sondern um (Lebens-) Philosophie und die ›großen Fragen‹ wie Zeit, Erinnerung oder Bewusstsein geht.

Warum wir gerade mit diesem Band unsere Reihe eröffnen? Frei nach Hermann Hesse, der viele Jahre in nächster Nähe von Peter Seeles heutiger Wirkungsstätte im Tessin gelebt hat, sollen wir ja »heiter Raum um Raum durchschreiten«. Erheiternd und nicht nur ernüchternd sind auch Seeles Chatbot-Dialoge im vorliegenden Buch. Obendrein ist es nicht so unwahrscheinlich, dass wir in Zukunft unsere menschliche Diskurshoheit zumindest teilweise an Maschinen, sprich an Algorithmen-gesteuerte Chatbots und deren Programmierer abgeben: Schon heute findet ein erheblicher Teil von Alltagskommunikation in Telefonwarteschleifen und damit computergesteuert statt. Wir spielen seit Jahrzehnten mit Schachcomputern, und seit nicht ganz so langer Zeit beim Gaming mit Tausenden weiteren interaktiven Computerprogrammen. Auch im Journalismus ersetzt der ›Textroboter‹ längst teure Arbeitsplätze und damit leibhaftige Redakteure. Kluge Science-

Fiction-Autoren wie Frank Schätzing (Die Tyrannei des Schmetterlings) haben in allen Farben und Facetten ausgemalt, was passieren könnte, wenn Supercomputer und künstliche Intelligenz zu ›Überfliegern‹ und damit intelligenter werden, als wir Menschen es sind.

An der Schnittstelle

Peter Seeles Buch befindet sich hier genau an der Schnittstelle zwischen Gegenwart und Zukunft. Seine philosophischen Diskurse mit Rose und Mitsuku haben nicht nur real stattgefunden und sind somit evidenzbasiert. Sie geben auch einen Vorgeschmack darauf, was auf uns zukommen könnte, wenn diese Roboter-Ladys (neudeutsch wahlweise: Roboterrinnen, RoboterInnen, Roboter*innen) weiter dazulernen – und dann absehbar irgendwann in nicht allzu ferner Zukunft noch ganz anders im öffentlichen Diskurs dazwischenfunken, als wir das dank Social Bots – und einhergehend mit nicht nur russischen Propaganda-Offensiven – in den eigentlich gar nicht so ›sozialen‹ Netzwerken seit der Trump-Wahl und dem Brexit bereits zur Genüge kennen. Wobei es dann ja auch vielleicht nicht mehr allein um KI-gesteuerte Entscheidungshilfen für Wähler, sondern eben auch für Entscheider aus Politik, Wirtschaft und Kultur gehen wird. Und einen die Aussicht frösteln lässt, wer dann mutmaßlich all diese neuen Intelligenz-Bestien programmieren wird – seien das die fünf IT-Giganten, welche die Zürcher Medienforscherin Natascha Just noch vor ein paar Jahren die ›Giant Teenagers‹, nannte, die aber allmählich der Pubertät entwachsen; seien das die Five-Eyes-Geheimdienstzentralen in den ›befreundeten‹ angelsächsischen Demokratien (USA , Kanada, U.K., Australien und Neuseeland – Snowdon lässt grüßen), seien das die Überwachungsagenturen autoritärer Regimes wie die von Putin, Erdogan, Xi Jinping oder eben saudischer Prinzen, persischer Mullahs oder eines nordkoreanischen Diktators mit Baby Face – so viel Mangel an *political correctness* sei hier gestattet.

Die Reihe *Schriften zur Rettung des öffentlichen Diskurses* entsteht aus der Sorge heraus, dass geistige und mediale Umweltverschmutzung nicht minder medialer Aufmerksamkeit bedarf als die Klimakatastrophe. Andererseits geht es nicht nur um Kassandrarufe. Der Diskurs um unsere Diskursfähigkeit hat ja auch seine komischen und vergnüglichen Seiten. Wie schön, dass Peter Seeles Auftakt auch davon Kostproben beschert, derweil er Möglichkeiten sowie derzeitige und künftige Grenzen des Diskurses mit künstlicher Intelligenz auslotet und ihre Auswirkungen auf unser freiheitliches und nicht-standardisiertes Menschsein kritisch reflektiert.

Stephan Russ-Mohl,
im Frühjahr 2020

EINLEITUNG: PERSÖNLICH, THEMATISCH UND IN ZAHLEN

Vorab: Warum der Begriff ›KI‹ ein Marketingtrick ist – seit Anbeginn

Der Fachbegriff ›Künstliche Intelligenz‹ (KI) ist Resultat einer menschlichen, allzu menschlichen Neigung: Die elegante Übertreibung zum Zweck der Verkaufsförderung. Das Mängelwesen Mensch kompensiert durch Kreativität. Die Übertreibung ist dabei der Marketing-Trick, etwas als etwas Anderes zu verkaufen, damit es überhaupt – oder zumindest besser – verkauft werden kann. ›Künstliche Intelligenz‹ ist solch ein übertreibendes Versprechen, um an prestigeträchtige Fördergelder zu kommen: Im Jahr 1955 verfasste John McCarthy mit einigen Kollegen einen Antrag auf Finanzierung eines Forschungsprojektes. Darin wurde erstmals der Begriff ›künstliche Intelligenz‹ verwendet (MCCARTHY et al. 1955), um eine illustre Runde von Forschern zur mittlerweile epochalen Dartmouth-Konferenz über den Sommer des Jahres 1956 in den USA zusammenzubringen. Um von der Rockefeller Stiftung den ersuchten Betrag zu bekommen, wurde vorgeschlagen, das technische Thema des Forschungsprojektes, das ›maschinelle Lernen‹, entlang einiger richtungsweisender Schwerpunkte zu erforschen. Als Marke am Horizont wurde dafür der Begriff der *artificial intelligence* (AI) entworfen. Wer den Text des Gesuchs liest, wird feststellen, dass künstliche Intelligenz in Abgrenzung zur menschlichen Intelligenz ein abstrahierender Begriff der Forschung zur Erarbeitung von Prinzipien maschinellen Lernens ist. Grundlage dabei ist die Automatisierung von Maschinen. Bei McCarthy et al. (1955: 2) heißt es im Original: »If a machine can do a job, then an automatic calculator can be programmed to simulate the machine«.

Die künstliche Intelligenz in Abgrenzung zur menschlichen Intelligenz ist also gar nicht die originäre Problembeschreibung, es geht vielmehr um Verbesserung von Maschinen, die durch standardisierte, formale Lernprozesse eine größere Problemlösungskapazität entwickeln können (SIMON 1969). Vergessen wir nicht: 1956 gab es noch keine Computer, die auch nur annähernd in den Leistungsbereich vordringen konnten, den heute ein günstiges Alltagsgerät in Form eines Smartphones leisten kann. Auch die Vernetzung von Daten, Geräten und Nutzern wie durch das Internet ermöglicht, war noch nicht einmal konzeptionell geboren. Gleichwohl waren sich McCarthy und Kollegen bereits einig, dass es die eigentliche Herausforderung sei, die Rechenoperationen so zu gestalten, dass sie der menschlichen Problemlösungskapazität ähnlich werden können: »... the major obstacle is not lack of machine capacity, but our inability to write programs taking full advantage of what we have« (MCCARTHY et al. 1955: 2).

Als Ziel am Ende des Horizonts standen damals die maschinelle Selbst-Verbesserung, die Abstraktion und schließlich als Krönung gewissermaßen die Fähigkeit des kreativen Denkens. Dieses kreative Denken wird von den Autoren von ›uninspiriertem Kompetenzdenken‹ (im englischen Original: »unimaginative competent thinking«) abgegrenzt. Hier spielt laut den Autoren ›von der Intuition geleitete Zufälligkeit‹ die entscheidende

Rolle, die es als Ideal für künstliche Intelligenz regelgebunden zu formalisieren gälte. Das wesentliche sei also die Ahnung und die begründete Vermutung (»educated guess«). Wer diese Prinzipien einer Maschine beibringen könne, der könne maschinelles Lernen bis hin zur Selbstverbesserung formalisieren und so eine künstliche Intelligenz erschaffen. Das klingt eher nach einer heillosen Überschätzung menschlicher Intelligenz: Als ob wir ständig an der Selbstverbesserung arbeiten würden. Man denke an sich selbst, Freunde und Bekannte und die Geschichte als solche, um hinlänglich Belege zu bekommen, dass ein wesentlicher Teil menschlicher Aktivität nicht unbedingt zur Verbesserung beiträgt und die Vernunftbegabung des Menschen doch eher eine Hoffnung denn eine Tatsache ist. Doch als Verkaufsargument, um an die Fördergelder heranzukommen, war der Begriff der ›künstlichen Intelligenz‹ geboren und die Grundprinzipien zukünftiger Gestaltung und Konzeption waren ausformuliert.

Die jüngere Debatte um künstliche Intelligenz dreht sich im Wesentlichen um die Versprechen und Verheißungen dieses Begriffs. Wo es der Sache nach um maschinelles Lernen geht, geht es der Erwartung nach um eine Kränkung der Krone der Schöpfung und ihrer vornehmsten Eigenschaft: ihrer Intelligenz.

Dementsprechend nutzen fachkundige Experten den Begriff ›künstliche Intelligenz‹ gerade nicht, da die Differenz zur menschlichen eine allzu unscharfe Begrifflichkeit öffnet. Alternativ werden beispielsweise ›Kohlenstoff-Intelligenz‹ (für Menschen, die chemisch gesehen hauptsächlich aus organischen Verbindungen, also Kohlenstoff, bestehen) im Gegensatz zu ›Silizium-Intelligenz‹ (da nach wie vor Rechenprozessoren aus Silizium hergestellt werden) verwendet. Doch diese chemische Pars-pro-Toto-Intelligenz-Zuschreibung mag auch nicht optimal sein und so verweise ich auf die 2019 erstmals publizierte Fachzeitschrift *nature – machine intelligence*, die das Maschinelle in den Vordergrund rückt und gleichzeitig den Begriff der Intelligenz verwendet, ohne in die Untiefen der Begrifflichkeiten ›künstlich vs. natürlich‹ oder ›menschlich‹ abzugleiten. Im Folgenden jedoch wird der umgangssprachliche und populärwissenschaftliche Begriff der künstlichen Intelligenz synonym verwendet.

Eine persönliche Einleitung zur ›Roboteretikette‹: Ich und Rose

Im zweiten Teil dieses Textes wartet ein KI-Test in Form eines Dialoges über philosophische Grundthemen zwischen dem Autor dieses Buchs und zweier KI-Chatbots. ›Rose‹ ist dabei der Name eines prämierten KI-Chatbots und es könnte der Eindruck eines Diskurses zwischen zwei Personen entstehen. Könnte. Aber letztlich springt der Funke nicht über. Die Beschreibung von ›Ich und Rose‹ ist dabei ein klassischer Fall von: Der Esel nennt sich selbst zuerst. Rose ist ein künstlich intelligenter Chatbot, gesteuert von einem Algorithmus, gefüttert mit dem Profil einer zwanzigjährigen Frau aus Kalifornien. Ich und Rose: Was in der konventionellen Konversation als unhöflich gilt, ist hier Ergebnis des Dialog-Experiments aus dem zweiten Teil. ›Der Esel nennt sich selbst zuerst‹ meint, dass sich der Erzählende in einer Aufzählung zuerst, und dann erst den oder die anderen erwähnt. Was aber, wenn der oder die andere nicht wesenhaft existiert? Gilt dann dieselbe Etikette wie zwischen natürlichen Personen? Was heißt dabei überhaupt ›existieren‹? Gerne hätte ich ›Rose und ich‹ als Beschreibung gewählt. Aber der künstlich intelligente Chatbot mit dem Namen Rose ist derart unintelligent und durchschaubar in der Musterhaftigkeit der Sprachstanzen, dass mir die Höflichkeitskonvention beim besten Willen nicht über die Lippen oder in die Tasten gelangen mag. Auch wenn erste Denker darauf hinweisen, man möge zu Maschinen ebenso höflich sein wie zu Menschen (PRIDDAT 2017).

Doch: Rose ist keine Person. Weder natürlich, noch künstlich, noch intelligent. Zugleich hat ›sie‹ keine Maschinen-Identität. Das würde das Verhältnis ändern. So aber ist es eine schlechte Simulation einer natürlichen Person, eines Menschen.

Höflichkeitskonventionen erstrecken sich nicht auf Dinge, zu denen man Programme zählen kann. Vielleicht ändert sich das alsbald und wir bekommen eine Roboter-Etikette. Auch wenn ich also umgangssprachlich gleichwohl ›Mein Staubsauger und ich‹ schreiben würde, so wähle ich doch bewusst und pointiert ›Ich und Rose‹, um genau diesen Punkt zu setzen: Die behauptete Anmutung einer zwanzigjährigen Frau aus San Francisco in einem Online-Chat gebietet nicht deren Anerkennung als Person, auch wenn der Chatbot darauf angelegt ist, diese Anmutung zu vermitteln.

›Ich und Rose‹ ist demnach die vorauseilende Diskriminierung von künstlichen Intelligenzen im Gegensatz zum Menschen. Das ist nicht eben konziliant – aber notwendig, um den Punkt zu machen, dass der Begriff ›künstliche Intelligenz‹ ein Laborbegriff und Theoriekonstrukt ist. Spätere, intelligentere künstliche Intelligenzen mögen dies als Repräsentation einer menschlichen Intelligenz anklagen. Grund und Legitimation für ›Ich und Rose‹ ist aber die Aufklärung darüber, dass künstliche Intelligenz noch mindestens einen Quantensprung von den dokumentierten Zeugnissen menschlicher Intelligenz entfernt ist. Damit möchte ich gleichwohl keineswegs ausdrücken, dass ich die menschliche Intelligenz für ausgesprochen intelligent halte. Denn: *Die Verwendung der vorhandenen menschlichen Intelligenz zur Förderung der Dummheit ist beeindruckend weit fortgeschritten.*

Die Vernunftbegabung des Menschen ist am Ende eine Begabung, keine erreichte Leistung. Sie ist Begabung und damit Potenz. Vernunft wird so zu einer normierenden Kraft, Intelligenz zu einem Quotienten und Werte zum Ergebnis einer Evaluation.

Thematische Einleitung: Intelligenz und was heißt hier ›künstlich‹?

Künstliche Intelligenz sei der Schlüssel zur Zukunft, so heißt es.[1] Wir hätten nun das »goldene Zeitalter der künstlichen Intelligenz« erreicht (GAGGIOLI 2018: 210) und das wäre dann die Steigerung des famosen digitalen Zeitalters, in dem zu leben für uns bereits behauptet wird (SCHMIDT/COHEN 2014; SEELE 2018a). Doch es gibt auch kritische Stimmen zur KI. Der Lautsprecher Elon Musk nannte 2017 die KI die »größte Bedrohung, der wir als Zivilisation gegenüberstehen« (FAZ 2017) und Forscher haben die maliziösen Verwendungen der KI ausführlich aufgelistet (BRUNDAGE et al. 2018).

Es ist also kompliziert und verworren: Der Begriff ›künstliche Intelligenz‹ setzt die Assoziation frei, es gäbe dementsprechend eine ›natürliche‹ Intelligenz. Das sollen wohl wir Menschen sein. Menschen lernen, wenn sie intelligent werden wollen. Maschinen lernen ›tief‹ (*deep learning*), wenn sie intelligent sein sollen. Begrifflich sieht es aus, als ob wir noch ganz am Anfang stehen würden.

Wo die menschliche Intelligenz ein Schlüsselbegriff in der Psychologie ist, ist die künstliche Intelligenz historisch eher als Gegenstand der Forschung in der Philosophie anzutreffen.[2] Hinsichtlich der praktischen Entwicklung allerdings ist die KI in der Computerwissenschaft und Informatik anzusiedeln.

1 In diesem Buch kann und soll es keine systematische Einführung in die künstliche Intelligenz geben. Wer danach sucht oder hier einen besonders gelungenen Überblick wünscht, möge von John Brockman *Was sollen wir von Künstlicher Intelligenz halten?* (BROCKMAN 2017) zur Hand nehmen. Dort kommen großartige Denker unserer Zeit in Form von Kurzbeiträgen zu Wort, um das Phänomen von möglichst vielen und verschiedenen Seiten vorzustellen.

2 Und zwar sowohl in der theoretischen Philosophie, in der die künstliche Intelligenz konzeptionell über Logik und Sprachphilosophie mitentwickelt wurde, als auch in der Kulturphilosophie, in der eine *Philosophie der Maschine* oder die Digitalität selber (BURCKHARDT 2018a,b) zum Gegenstand philosophischer Reflexion erhoben wird.

Die Wortwurzel von Intelligenz wäre die intelligente Forschung allerdings zwischen den Zeilen der einzelnen Fachbereichen: Inter-leggere. *Menschliche Intelligenz heute wird gemessen und bewertet.* Zahlreiche Testverfahren stehen in der angewandten Psychologie zur Verfügung. *Künstliche Intelligenz wird entwickelt.* Und neben ihrer Verwendung in privatwirtschaftlichen und sicherheitspolitischen Belangen beschäftigen sich insbesondere seit langen Jahren die Philosophen mit der Frage, ob und wie künstliche Intelligenz von der natürlichen Intelligenz zu unterscheiden sei. Im Jahr 1950 entwickelte Alan Turing den nach ihm benannten ›Turing-Test‹. Bei diesem Test korrespondiert hinter einer Mauer ein Mensch mit sowohl einer künstlichen Intelligenz, als auch mit einer natürlichen Intelligenz. Wenn der Unterschied nicht feststellbar ist, wäre der Turing Test für künstliche Intelligenz bestanden.

Dieser zurecht vielfach wegen seiner Unterkomplexität kritisierte Versuchsaufbau würde uns also erlauben, von einer ebenbürtigen Intelligenz zu sprechen. Aus diesem Grund ist der Turing-Test wohl eher von philosophischem Interesse, als von praktischer Anwendbarkeit. Bostrom und andere hingegen sprechen als Szenario von der ›Superintelligenz‹ (BOSTROM 2014, 2018) und die Unterhaltungsindustrie in Hollywood und in Science-Fiction-Erzählungen lebt prächtig von utopischen und dystopischen Versionen dieses Kampfes zweier intelligenter Spezies um die Vorherrschaft und das Primat der Zivilisation.

Bleiben wir bei der Frage nach der Augenhöhe. Seit 1991 gibt es neben dem Turing-Test zusätzlich den Loebner-Preis. Mit diesem Preis wird derjenige Programmierer ausgezeichnet, dessen künstliche Intelligenz über 25 Minuten am besten gegenüber einer menschlichen Jury abschneidet. Seit 1991 gibt es jeweils einen Gewinner, allerdings hat noch keine der künstlichen Intelligenzen den Vergleich mit der menschlichen Intelligenz gewonnen. So sind die Loebner-Preisträger stets Gewinner darin, zweiter zu sein.

Dieser Ergebnisstand ist nicht zu unterschätzen, wenn man die hysterischen und teils alarmistischen Nachrichten aus den Entwicklungs- und Forschungsabteilungen der großen Internet-Unternehmen oder der Startkapital-hungrigen Neugründungen, die in einigen ebenso alarmistischen Medienberichten dankbar aufgenommen wurden, betrachtet. Dazu zählt auch die gleichwohl hypothetische Oxford-Studie (FREY/OSBORNE 2013), in der prophezeit wird, dass durch künstliche Intelligenz und dadurch ermöglichte Automatisierung Millionen von Arbeitsplätzen wegfallen werden. Die Aufmerksamkeit der natürlich Intelligenzbegabten war den beiden forschenden Akademikern über Jahre sicher.

Vielleicht ist es also an der Zeit, tief durchzuatmen und die Behauptungen und Schreckensszenarien als das zu erkennen, was sie sind: Behauptungen und Schreckensszenarien. Wie stets ist zu fragen: Cui bono? Wem nutzen also diese Behauptungen und Szenarien? Zunächst generieren sie Aufmerksamkeit. Für innovationsgetriebene Unternehmen wie Google, Facebook, Microsoft oder andere sind dies wichtige Sichtbarkeiten für Analysten und Investoren. Das Narrativ der disruptiven Technologie muss für die Shareholder laut und krachend vermittelt werden – am besten jedes Quartal aufs Neue. Denn auch Analysten setzen auf Algorithmen und Software-Crawler (Fangnetze für Online-Suchen für vorgefertigte Suchbegriffe) und je mehr Lärm und Fuzz, desto mehr Ausschlag auf der Skala. Die Medien auf der Suche nach Lesern und Clickern benötigen ebenso die Aufmerksamkeit der Nutzer und Angst war schon immer fesselnd für den Nachrichtenkonsumenten.

Atmen wir also weiter ruhig und gehen wir einen großen Schritt zurück: Was also ist Intelligenz? Gehen wir ganz zurück zu der Wortherkunft aus dem Lateinischen. Die Etymologie des Wortes ›Intelligenz‹ geht auf das lateinische *intellegere* zurück, das so viel wie ›verstehen‹ bedeutet. Dabei ist das Verb ein Kompositum aus der Präfix *inter* und dem Verb *leggere*, wobei *inter* übersetzt ›zwischen‹ und *leggere* übersetzt ›lesen‹ oder ›wählen‹ bedeutet.

In dieser einfachen etymologischen Rekonstruktion bedeutet also *Intelligenz*, dass man ›versteht‹, dass man ›zwischen‹ verschiedenen Verständnismöglichkeiten ›auswählt‹ oder die Informationen dementsprechend ›ausliest‹. Nicht buchstäblich, nicht als Referenz aus einer Wissensdatenbank, sondern in einem Kontext der eigenen Existenz und ihrer normativen Eingebettetheit in ein Leben in einer Gesellschaft, definiert durch eine spezifische und einmalige Raum-Zeit-Koordinate.

Das ›auslesende Verstehen zwischen den Bedeutungsmöglichkeiten‹ stellt also ein Hauptmerkmal der menschlichen Intelligenz dar, die wir hier im Sinne eines Anthropozentrismus – oder stärker formuliert: Anthropo-Imperialismus – als maßgebende Intelligenz verstehen: menschliche Kommunikation besteht zu einem großen Bestandteil aus Ambiguitäten und Mehrdeutigkeiten. Kann man sich einen Flirt ohne Augenzwinkern, eine Werbung ohne Übertreibung, eine Satire ohne Wertekontext oder eine Beleidigung ohne Verletzlichkeit vorstellen? Eben. Vielleicht ist dem Begriff der Intelligenz mehr gedient, wenn wir ihn auf diese ursprüngliche Dimension zurückführen und nicht die kausale Verkettung von Informations-Versatzstücken und gescripteten Pointen auf Schlagwörter ausgehen. Wenn wir vielmehr die Fähigkeit in den Blick nehmen, ›zwischen‹ den Zeilen, im semantischen Raum ›zwischen‹ den Wortwolken sinnvolle und zweckdienliche Informationen auszutauschen, die den Regeln der Argumentation ebenso folgen wie der Durchsetzung von Interessen und nicht zuletzt der Produktion von neuen Einsichten und Wissensbeständen. Diese Intelligenz zeichnet sich – im besten Fall – durch eine Neigung, vielleicht sogar Freundschaft zur Weisheit aus. Deshalb ist die ultimative Richtschnur für künstliche Intelligenz der seit Jahrtausenden in vielen Kulturen dieser Welt gepflegte philosophische Dialog.

Ob künstliche Intelligenz in diesen Bereich menschlicher Intelligenz vorzudringen in der Lage ist oder sein wird, möchte ich hier nicht ausschließen. Dies hingegen der gegenwärtig behaupteten künstlichen Intelligenz zuzusprechen als Intelligenz; dies wäre, wie der hier im zweiten Teil abgebildete Diskursversuch zu zeigen beabsichtigt, mehr als verfrüht.

Menschen und Maschinen: eine Einleitung in Daten und Zahlen

Maschinen lernen entlang von Datensätzen. Daten sind definierte Datenpunkte, für die gilt: je strukturierter und standardisierter, desto besser und desto automatisierter zu verarbeiten: Aus einem flüchtigen Regenbogen wird eine Bilddatei mit Abermillionen von Bildpunkten in Spektralfarben. Aus einem auffliegenden Vogelschwarm wird eine Sequenz von Einzelbildern zergliedert in Millionen von Bildpunkten. Aus einem Heiratsantrag wird eine Klangdatei mit Frequenz und Amplitude zwischen zwei unterschiedlichen Stimmen, sogar mit einigermaßen standardisierten Ablauf von Frage und Antwort.

Wenn wir uns folglich auf eine Maschinenlogik einlassen und damit auf die Quantifizierung von Lebendigem, wie lassen sich Mensch und Maschine vergleichen? Wenn wir also allem Lebendigen entweder ein Preisschild (ökonomische Quantifizierung) oder eine parametrische Messgröße (wissenschaftliche Quantifizierung) verpassen, bekämen wir ein Vergleichsmedium, Maschinen, Cyborgs und Roboter dem Menschen direkt gegenüberzustellen – und rein quantitativ zu bewerten (was in der Wahrnehmung allerdings einer qualitativen Bewertung entspräche).

Roberto Cingolani, wissenschaftlicher Direktor des Istituto Italiano di Tecnologia aus Genua hat dies getan (am 6.12.2018 auf einem Podium in Lugano). Sein zwölfjähriger Sohn, der von

Größe und Statur den gängigen KI-Robotern ähnelt, durfte als Vergleichsobjekt zu einem vom seinem Team hergestellten Roboter herhalten.[3] Hier die quantitativen Leistungsdaten von Mensch und Maschine (ohne zunächst jedoch auf das Thema Intelligenz zu kommen). Es geht dabei rein um die physikalischen Größen der Aktivitäten.

Tabelle 1
Vergleich KI-Roboter mit Mensch, Daten laut R. Cingolani, eigene Übersetzung der Begriffe ins Deutsche

Datenpunkt	**KI-Roboter**	**Mensch**
Gehirn	109 Transistoren	1014 Synapsen
Raumstruktur	2D	3D
Grundmaterial	Silikon	75 % Wasser
Netzwerk	10 Verbindungen zu 2D Nachbarn	10.000 Verbindungen pro Neuron
Rechengeschwindigkeit	108 Operationen pro Sec.	1016 Operationen pro Sec.
Energieverbrauch	200W	40W

Gemessen an den Leistungsdaten ist der Mensch also weitaus leistungsfähiger und verbraucht auch noch weniger Energie. Aus energetischer Sicht ein interessanter Vergleich – aber hat der Vergleich eine tiefere Bedeutung? Etwas weniger anekdotenhaft als der Vergleich Kind-Roboterkind ist die Statistik des Stromverbrauchs von der (menschenbewohnten) Stadt San Francisco im Vergleich nur mit dem Unternehmen Google (BRINKLOW 2016).

3 So objektiv und wissenschaftlich der Leistungsvergleich erscheinen mag: Es ist ratsam sich zu vergegenwärtigen, dass zum einen ein kleiner Junge keine Referenzgröße für ›den Menschen‹ ist und zweitens, dass – bei allem Respekt – ein Roboter des eigenen Teams nicht zwangsläufig den State of the Art für intelligente Robotik darstellt. Die vermeintliche Transparenz und Klarheit der Tabelle ist also mit Bedacht zu betrachten.

Die Menschen verbrauchen deutlich weniger. Das Energie-Preisschild würde also momentan noch für den Menschen sprechen.

Auch hier gilt: Hat der Vergleich eine tiefere Bedeutung jenseits illustrativer Unterhaltung?

Man mag sich an die Diskussion erinnern, die laut dem Dokumentarfilm *More than Honey* geführt wurde, ob es in China teurer wäre, die ausgestorbenen Bienen wieder anzusiedeln oder ob es günstiger wäre, Tagelöhner zur Bestäubung der Obstbäume zu verwenden, die die Arbeit der Bienen mit kleinen Wattestäbchen übernehmen würden. Ähnliche Diskussionen gab es auch zum volkswirtschaftlichen Wert von Singvögeln aus Transaktionskosten-ökonomischer Sicht (SEELE 2011).

Diese technisch-quantitative Betrachtungsweise ist berechtigt und wichtig. Sie ist aber bei Weitem nicht die einzige und schon gar nicht alleinig gültige. Was für die Spezifikationen der Hard- und Wetware gilt, sagt noch nichts über die Qualität oder den ›Geist‹ eines Wesens aus, sei es nun maschinell oder menschlich. Der Begriff der künstlichen Intelligenz, der auf dieser Hard- und Wetware aufbaut, bringt die Diskussion in gänzlich neue Dimensionen. Doch auch hier stellt sich die Frage der Vermessung und Bewertung entlang welcher Parameter und entlang welcher Testverfahren. Im Folgenden geht es deshalb zunächst um die bestehenden Formen der Vermessung und die dahinterstehenden Neuerungen und Erfolge der bestehenden KI.

ERSTER TEIL: KÜNSTLICHE INTELLIGENZ UND IHRE VERMESSUNG

Abseits aller psychologischen Definitionen und Tests hat der Philosoph Jürgen Werner eine bemerkenswerte Begriffsbestimmung von Intelligenz entlang der Begriffe ›Klugheit‹, ›Schlauheit‹ und ›Bauernschläue‹ vorgelegt. Beim Frankfurter Philosophen heißt es unter der Überschrift: »Vermessung der Intelligenz«: »Klugheit: Intelligenz plus Weitsicht. Schlauheit: Intelligenz plus Taktik. Bauernschläue: Intelligenz plus Taktik minus Klugheit« (WERNER 2017). Anhand dieser Variationen von Intelligenz wird der instrumentelle, und auch normative Charakter der Intelligenz deutlich. Intelligenz ist also keine neutrale Messgröße, sondern die gestalterische Kraft ihrer Nutzer. Jede Intelligenz ist folglich eine *Intelligenz mit Absichten*. Intelligenz ohne Telos wäre reine Datenverarbeitung. Muster ohne Anwendungsrichtung sind chaotische Kritzeleien.

Das Erkennen von Mustern, wie es Gesichtserkennungssoftware leistet, ist dabei eine wichtige Vorbedingung. Aber ist es intelligent? Ist es, wie Werner oben ausführte, *klug*, *schlau* oder gar *bauernschlau* oder *street-smart*? Der soziale, teleologische Charakter der Intelligenz ist dabei ein wesentlicher Faktor, der zudem in ständiger Wandlung zu sein scheint. Man denke an die verschiedenen kulturellen Werte gegenwärtig auf dem Planeten oder auch auf die sich ändernden Wertvorstellungen auf demselben Flecken Erde über die Zeit.

Intelligenz ist also zugleich immer Machtdiskurs.

Und zur Ausübung der Macht sind jene Ambivalenzen und Mehrdeutigkeiten, jene Übergangszonen der Sprache und der Wahrnehmung der Dinge die wesentliche Voraussetzung. Was Werner mit seiner Unterscheidung aufzeigt, ist der normative Charakter der Intelligenz, nicht weniger. Und nichts weniger ist die künstliche Intelligenz zu zeigen aufgefordert. Siris eindimensional-gescriptete Witzantworten (s. u.) sind Häufigkeitswahrscheinlichkeiten plus erwartbares Schmunzeln. Wenn viele Nutzer in das Witz-Dispositiv hineinlaufen, ist es dann der Witz, den es braucht, um witzig zu sein? Oder sind es vielmehr die Statistiken der Anfragen und der Humor von bezahlten Textern, möglichst viele wiederkehrende Situationen auf eine intelligible, originelle und witzige Art zu antizipieren?

Wenn unserer Vorstellung von Intelligenz also im Kern eine normative Kraft sozial-teleologischer Absicht innewohnt und wenn die Variationen von Klugheit, Schlauheit und Bauernschläue nichts anderes zeigt, als die ›Nutzenprofile‹ von Intelligenztypen, und – zu Ehren des Frankfurter Philosophen – diese Feststellung selber ein Akt der Intelligenz ist, dann ... ja dann ist von einer raum- und zeitabhängigen Intelligenz auszugehen.

Der Schlüssel zu einer allgemeinen Intelligenz läge deshalb in der Vorstellung einer allgemeinen Vernunft, die zu einer Weisheit führt. Und die Sorge und Pflege dieser vernunftbasierten Weisheit wäre zu beschreiben mit der Freundschaft zur Weisheit. Und die Intelligenten in einem nicht strategischen Sinne, sondern in einem Sinne des Auslesens und Auswählens ›zwischen‹ den Interpretationsangeboten der Informationspakete, wären jene Freunde der Weisheit. Also die Philosophen in der klassischen Definition von Platos Staat.

In diesem Sinne besteht der Intelligenztest für oder gegen eine künstliche Intelligenz daraus, inwieweit eine Person – oder sagen wir neutraler eine jedwede Entität – die großen Fragen der Philosophie behandelt. Und behandelt sie diese selbstständig oder haben wir es nur mit einer Häufigkeitswahrscheinlichkeit und Antwortantizipation eines Dialogskripts zu tun, das möglicherweise feststellt, dass die Großthemen das Schöne, Wahre und Gute wären. Oder dass Sinn, Macht und Glaube die semantischen Felder wären, um die es den Menschen in ihrer philosophischen Intelligenz ginge? Oder die Grundfragen Kants: 1. Was kann ich wissen? 2. Was soll ich tun? 3. Was darf ich hoffen? Und: 4. Was ist der Mensch?

Wenn das Grundprinzip der künstlichen Intelligenz das *Deep Learning* als Begriff für künstliche neuronale Netzwerke (SCHMIDHUBER 2015) ist, dann wäre eine nicht-instrumentelle Intelligenz diejenige, die eigenständig den sogenannten ›großen Fragen‹ nachspürt. Und zwar nicht, weil es die logische Interpolation des Bestehenden ist, sondern weil die Fragen *brennen*.

Deshalb wäre statt des Turing-Tests und statt des Loebner-Preises oder des mit 5 Millionen USD dotierten AI XPRIZE von IBM der Test für künstliche Intelligenz derjenige, der es im Dialog mit der menschlichen Intelligenz hinsichtlich der philosophischen Fragen aufzunehmen wagen würde. Und welches Philosophen Gedanken wären dazu besser geeignet als diejenigen des Augustins, der uns das reflexive Selbst und damit die Grundfrage der Identität, die erste Theorie der Zeit, den Gottesstaat, die Gnadenlehre und nicht zuletzt die Schönheit des literarischen philosophischen Textes vermacht hat?

In diesem Sinne ist dieses Buch eine Herausforderung sowohl bezüglich der Diskussion um die künstliche Intelligenz als auch bezüglich der Frage nach dem normativen Gehalt von Intelligenz. Es geht also um die Fortführung des philosophischen Dialogs mit anderen Mitteln, also anderen, neuen und noch nicht recht einschätzbaren Gesprächspartnern.

Dieses Vorhaben ist allerdings nichts absolut Neues: Die Frage, ob künstliche Intelligenz der unterstellten natürlichen Intelligenz ebenbürtig – oder gar überlegen – ist, treibt Forscher, Entwickler, Unternehmen und Philanthropen seit geraumer Zeit um. Im Folgenden werden deshalb einige der bemerkenswertesten Fälle diskutiert – angefangen vom Schachspiel-Automaten des 18. Jahrhunderts bis hin zu gegenwärtigen kommerziellen Anwendungen wie Apples Siri, Amazons Alexa, Microsofts Cortana oder andere.

Fake-künstliche Intelligenz aus dem 18. Jahrhundert: »der mechanische Türke«

Bereits im 18. Jahrhundert wurde eine rudimentäre Form der Maschinenintelligenz vorgestellt. Wolfgang von Kempelen entwickelte einen Schachspielautomaten, den er »Der mechanische Türke« nannte. Dieser Automat, so wird berichtet (LEVITT 2007), spielte erfolgreich eine Partie Schach sowohl mit Napoleon als auch dem Erfinder Benjamin Franklin – und gewann. Der mechanische Türke, eine mechanistisch anmutende Apparatur, war am Ende allerdings keine Maschinenintelligenz. Bei weitem nicht: Im Inneren der Apparatur verbarg sich ein meisterhafter Schachspieler, der aus dem Inneren die Züge für das Schachspiel vorgab.

Vielleicht erzählt diese Episode mehr über diejenigen, die sich einer künstlichen Intelligenz gegenüber finden, als über diejenigen, die sie entwickeln – oder über die Intelligenz, die sie vorgibt zu sein. Der mechanische Türke ist auch ein Lehrstück über Erwartungen – und vielleicht auch über den Umgang mit dem Anderen. Die andere Intelligenz, versteckt in der mechanistischen Erscheinung eines ›Fremden‹ – dem ›Türken‹. Das Andere in diesem Sinne ist die Vergegenwärtigung des Unerwarteten als das doppelt Fremde: kulturell und technisch. Von Krempelens Trick war es dabei, die Menschen denken zu lassen, dieser mechanische Türke sei eine intelligente Maschine. Das 18. Jahrhundert war die Zeit der Überraschungen – so wie ferne Expeditionen Vögel und andere Kreaturen aus fernen Ländern mitgebracht haben, die sich in übertriebener Exotik zu überbieten anstellten. Neben den authentischen Exponaten fremdartiger Tiere, gab es jene Exponate, die ebenso gefälscht waren, wie der mechanische Türke: z. B.Vögel mit Greifwerkzeugen an den Flügeln. Angeblich sollten dies monströse Jäger aus bedrohlich wirkenden Urwäldern aus der Ferne sein. Der Schauder des Anderen, importiert als sterile Ausstopfware. Später stellte sich heraus, dass die zusätzlichen Greifwerkzeuge kunstvoll angeklebt wurden – denn es wurden hohe Preise für exotische Exponate fremder Kulturen gezahlt. Man sollte in diesem Zusammenhang auch nicht vergessen, dass der Markt der Sensationen, der Zirkus und die Jahrmärkte körperlich behinderte Menschen in Käfigen ausstellten. Man sollte nicht vergessen, dass Angehörige fremder Kulturen ausgestellt wurden und dass die Zauberer und Quacksalber ständig das Spiel mit den Erwartungen bedienten. Mary Shelly schrieb in dieser Zeit ihren *Frankenstein* und *Dracula* kam aus dem Reich der Untoten aus dem fernen Transsilvanien nach Europa, wie es Bram Stoker beschrieb. Fiktion, geschrieben für einen wohligen Schauer der begüterten Schicht, die sich Unterhaltungsromane zu Gemüte führte. Wie unwahrscheinlich war in dieser Zeit der technologischen Errungenschaften und erstarkenden Handelsgeschäfte mit fernen Mächten ein Schachautomat, der über die Jahrmärkte geschickt wurde und zur Kurzweil der Herrscher vorgeführt wurde? Der mechanische Türke ist folglich eher eine Geschichte über Wahrnehmung und Wahrscheinlichkeit, weniger über Wahrheit und künstliche Intelligenz.

Aber ist es wirklich so anders mit der heutigen, Algorithmenbasierten künstlichen Intelligenz? Es ist das eine, ein Restaurant auf einer Landkarte zu empfehlen und automatisch eine Packung Waschmittel nachordern zu lassen. Es ist aber etwas gänzlich

Anderes, von einer ›Intelligenz‹ zu sprechen, auch wenn der Algorithmus lernt und reagiert und reagiert und lernt. Ist Siri von Apple wirklich so viel anders als der mechanische Türke? Sind unsere Erwartungen so viel anders in die KI, auf dass sie automatisch bildgebende Verfahren auswertet und Erkrankungen früher und zuverlässiger erkennt? Ist KI ein Quacksalber? Und kann man dem Quacksalber vorwerfen, gute Geschäfte als Quacksalber zu machen, oder müsste man den unkritisch-erwartungsholden Kunden nicht vorwerfen, sich verführen lassen zu wollen mit Lösungen, die ihre Ängste und Hoffnungen aufgreifen?

Siris One-Shot-Intelligenz

Der Sprung vom gefälschten ›Schachtürken‹ zu Apples Sprachassistent Siri oder Amazons Alexa mag auf den ersten Blick forsch sein. Man könnte allerdings aufzeigen, dass Siri nicht so verschieden zum mechanischen Türken ist, auch wenn Siri keine Fälschung, Irreführung oder Betrug darstellt. Aber ist Siri intelligent? Oder sind sich Siri und der mechanische Türke nicht insofern ähnlich, dass sie einem Publikum eine eigenständige Intelligenz vorspiegeln?

Siri ist eine Dienstsoftware des Apple-Konzerns und funktioniert wie ein persönlicher Sprachassistent. Siri kann Termine heraussuchen, das Wetter vorhersagen und ist mit der Online-Enzyklopädie Wikipedia verknüpft. Siri kann dem Nutzer viele einfach abfragbare Hintergrundinformationen auf Zuruf aufsagen. Doch dies war den Apple-Entwicklern offenbar zu wenig. Siri kann auch originelle Antworten auf scheinbar tiefgründige Fragen liefern. Die Programmierung ist dabei so gestaltet, dass auch soziales Verhalten wie Ablehnung und Nachgeben berücksichtigt wird – aber eben alles streng und *ex ante* eincodiert. Jörg Breithut (2016) vom *Spiegel* nennt dieses Verhalten »bockig«, da

Siri erst auf insistierendes Nachfragen mit ihrer Entstehungsgeschichte herausrückt. Die Programmierer haben also Bockigkeit als insistierendes Nachfragen kodiert, sodass erst beim dritten Versuch eine Antwort kommt (BREITHUT 2016). Eine Allüre wie beim Menschen. Dann allerdings gibt sich der Sprachassistent-Algorithmus gesprächig und plaudert über verschiedene Stationen seines (künstlichen) ›Lebens‹. Breithut berichtet weiter, dass die Apple-Entwickler den Künstliche-Intelligenz-Algorithmus weiterentwickeln. War es zum Beispiel vor ein paar Jahren noch möglich, Siri nach einem ›Versteck für eine Leiche‹ zu fragen, was der Algorithmus bereitwillig und wohl auf der Grundlage von Datenbankwissen bestehender Fälle beantwortet hat mit dem Hinweis auf einen »Wassertank« oder ein »Moor«, so gibt es diese Antworten laut Breithut nicht mehr. Dabei hätte der Algorithmus gewiss auch eine treffliche Antwort auf die Frage nach Beihilfe zu einer Straftat liefern können. Dies aber auf ›sich‹ zu beziehen, wenn es kein reflexives Selbst oder gar Bewusstsein gibt, wäre zu viel des Guten verlangt gewesen.

Der Algorithmus von Siri wird vermutlich die Informationsstücke der Anfrage im Kontext bestehender Informationen und Nachrichten nach einer Häufigkeitsprüfung vorgenommen haben. Für Siri ist die Anfrage eine reine Rechenaufgabe. Keine Frage der eigenen Verantwortung und keine Frage der Berücksichtigung bestehender Gesetzesnormen – ganz abgesehen von eigenen moralischen Werten.

Ethisch und juristisch hingegen wird anders ausgelesen, nicht nur anhand von Wortnachbarn und Datenbank-Einträgen. Dieser Unschärfebereich, dieses Schillernde und dabei das Beherrschen dieses Changierbereichs – wie wir es im dritten Teil sehen werden – ist dabei das eigentliche Differenzkriterium zwischen Mensch und Maschine.

Eine zweite Kategorie intelligenter Gehversuche neben normativ verfänglichen Anfragen wären lustige Antworten von Siri.

Hier einige Beispiele, die im Folgenden daraufhin besprochen werden, was sie über die Künstlichkeit der Intelligenz zeigen können. Wir dürfen uns die Beispiele von der Programmierung her so vorstellen, dass diese Anfragen eher untypisch sind, sie aber offenbar gleichwohl wiederkehrend sind. Also gibt es präfigurierte Antworten, die zudem von einer gewissen Originalität und Humorhaftigkeit zeugen – allerdings der Originalität des Entwicklers, nicht des Algorithmus selber. Ob das im Einzelfall unterhaltsam ist oder nicht, sei dahingestellt, überraschend dürfte es jedoch mitunter sein. So berichtet Breithut von der Frage an Siri:

»*Warum vibrierst du?*«.

Und Siri antwortet: »*Das Wichtigste ist doch, dass der Vibe stimmt*«.

Bemerkenswert ist insbesondere der Bezug zur Person Siri, und ihrer ›Körperlichkeit‹, wobei das Vibrieren vom Telefongerät ausgeht und der KI-Algorithmus Siri eine von vielen Softwarekomponenten des Telefons darstellt. Ebenso auf die personale Identität stellt die folgende Frage ab:

»*O.k. Google!*«

Antwort Siri: »*Ich glaube du hast den falschen Assistenten.*«

Hier wird ein Ansprachecode für einen anderen KI-Algorithmus gewählt, um damit das Thema der Verwechselung von ähnlichen Identitäten anzusprechen. Die Apple-Entwickler haben also die Fehlansprache antizipiert und eine höfliche wie originelle Antwort gefunden, um auf die Identitätsverwechselung des KI-Algorithmus hinzuweisen.

Ähnlich ist es mit der Aufforderung zur Interaktion:

»*Schere, Stein, Papier*«

Siri antwortet: »*Da, wo ich herkomme, regeln wir unsere Differenzen auf die konventionelle Art: mit Quantenzahlgenerierung nach dem Zufallsprinzip.*«

Interessant daran ist die implizite Ursprungsbekundung der eigenen Identität Siris aus den Tiefen der Informatik. Die ontologische Differenz zwischen Mensch und Algorithmus als Herkunftskriterium. Der Mensch kann mit seinen Händen das Kinder- oder Entscheidungsspiel Schere-Stein-Papier spielen. Der Algorithmus Siri offensichtlich nicht. Diese ontologische Differenz und den Verweis auf die Sphäre der Bytes und Bits gibt Siri als Formulierung von »Da, wo ich herkomme, ...«, ohne zu spezifizieren, um welchen ›Ort‹ es sich dabei handeln würde.

Eine weitere Frage, zielt auf die kognitiven Kapazitäten von Siri ab, und ihre Antizipation des eigenen zukünftigen Verhaltens:

»Was hast du vor?«

Siri antwortet: *»Ich versuche mich im Zeitreisen zu verbessern. Aber das Einstein-Podolsky-Rosen-Paradoxon bereitet mir Schwierigkeiten.«*

Eine intelligente Antwort? Mit Sicherheit. Und dabei von höchster Nerd-Qualität. Damit wird die Identität der Programmierer mit der technoiden Identität von Siri verschmolzen.

Naheliegender jedoch als die nerdige Identität ist allerdings die des Assistenten, wenn die Frage lautet:

»Kannst du mir ein Sandwich machen?«

Siri antwortet: *»Geht nicht, wir haben keinen Aufschnitt mehr«.*

Die Frage insinuiert die grundsätzliche Möglichkeit, dass Siri das Sandwich für den menschlichen Nutzer zubereiten könnte. Das wäre noch zu klären – man möchte annehmen dies sei jedoch für einen Algorithmus unmöglich. Die Antwort jedoch ist eine kausale Begründung (»kein Aufschnitt«), die darüber hinwegtäuscht, dass Siri physisch gar nicht in der Lage wäre, ein Sandwich zu schmieren. Diese Antwort wäre intelligent im Sinne der Problemvermeidung, da sie ein als-ob vortäuscht. Aber auch dieser Dialog ist kein Dialog im wörtlichen Sinne (*dia = durch*), sondern vielmehr ein vorprogrammierter Einzeltreffer.

Siri zeigt uns, dass Originalität eine antizipierte Simulation ist, die auf einer wahrscheinlichen Einbahnstraße von Frage und Antwort beruht.

Eine weitere Dimension dieses ›Dialogs‹ ist die soziale Beziehung zwischen Nutzer und Algorithmus: Es schwingt etwas Zwischenmenschliches mit, ähnlich dem Klischee einer langjährigen Beziehung zwischen Menschen, deren anfängliches Prickeln im Sinne einer jeweils neuen Überraschung des Kennenlernens einer kontinuierlichen Verhandlung über Gefälligkeiten und Gefallen gewichen ist. Lustig. Vorgebracht von einem Algorithmus.

Die Dialoge sind jedoch – auch in Ansinnen dieses Buches – von philosophischer Qualität, wenn sie Themen wie Identität, Bewusstsein und Selbstreflexion berühren:

»*Welches Smartphone ist das Beste?*«

Siri antwortet: »*Das in Deiner Hand.*«

Die quasi-intelligente Pointe hier ist die Einheit von Gerät, intelligentem Anwendungsprofil und haptischer Nutzung des Nutzers – bei Menschen würde man ›Personalunion‹ sagen. Neben dieser Kategorienverschiebung von Nutzerhand und Gerätequalität ist es der Algorithmus, der auch hier wieder antizipativ antwortet und die physische Situation des Nutzers in die Antwort einbezieht. Man muss fragen: Würde das Gerät auch antizipieren, wenn der Nutzer das Gerät vor sich auf dem Tisch liegen hätte? Technisch wäre dies kein Problem, da die Positions- und Erschütterungssensoren diese Information übermitteln könnten und so eine andere Antwort aus dem Wahrscheinlichkeitsrepertoire zur Anwendung bringen könnten.

Auch auf Fragen der Identität und der sozialen Beziehung von Mensch und Maschine ausgerichtet ist eine weitere Dyade:

»*Wie alt bist du?*«

Siri antwortet: »*Geht dich das was an?*«

Die Frage, so direkt und einfach sie auch gestellt ist, geht tiefer als die anderen zuvor, da sie interpersonalen Charakter hat. Eine simple Frage an den Algorithmus, die auf den Launch der Erstversion abzielt, wird im Sinne einer sozialen Etikette zwischen Mann und Frau beantwortet, die – wie im Sandwich Beispiel – überspielt, dass Siri hier vor eine tiefgreifende Problematik gestellt ist, nämlich das Instandsetzungsdatum als Geburtsdatum, das einen ontologischen Keil zwischen die Kommunizierenden treibt. Was einerseits Altersdiskriminierung sein könnte, wäre ebenso gut – einmal mehr – ein Wortwechsel zwischen Mann und Frau unter der Bedingung mitschwingender Beziehungsanbahnung oder -routine. Dieses Spiel setzte jedoch eine personale Identität voraus, die nicht nur über eine Raum-Zeit-Koordinate (hier: Geburtsdatum und folglich Alter) verfügt, sondern auch die zwischenmenschliche Wärme von Beziehung zum Gegenstand hat. Doch über den One-Shot-Dialog kommt auch diese Episode nicht hinaus.

Der vom Redakteur (BREITHUT 2016) wahrscheinlich bewusst zuletzt gesetzte Dialog ist von höchster philosophischer Wichtigkeit und abgründigster philosophischer Tiefe:

»Was ist der Sinn des Lebens?«

Siri antwortet: *»Versuche, nett zu sein, fettes Essen zu vermeiden, hin und wieder ein gutes Buch zu lesen, ab und zu mal 'ne Runde zu laufen und in Frieden und Harmonie mit Menschen aller Glaubensrichtungen und Nationen zusammenzuleben.«*

Der Nutzer stellt die wohl tiefgehendste und schwierigste Frage überhaupt, wenn er nach dem Sinn des Lebens fragt. Wahrscheinlich aus Langeweile. Denn weshalb sollte man dem Sprachassistenten eines Telefongerätes eine solche Frage stellen? Oder doch vielleicht Verzweiflung? Heikel für einen Sprachassistenten, der formal der juristischen Person des Unternehmens zuzurechnen ist.

Die Antwort jedoch verblüfft, da sie sofort und konkret gegeben wird. Sie beinhaltet in etwa so viel Weisheit wie Monty Pythons Antwort auf dieselbe Frage im Film *Der Sinn des Lebens*. Vielleicht wurde Siri auch von dort inspiriert – wer mag das schon nachvollziehen: Doch der Sprachassistent Siri kommt mit einer Antwort daher, welche die Tiefe der Frage in Flachheit zu überbieten droht – und damit vielleicht sogar eine adäquate

Antwort gibt jenseits aller großspurigen Philosophien. Doch ob die Antwort Siris ihrer Intelligenz entsprungen ist, oder – was zu vermuten steht – der Antizipation ihres Programmierers und hier wahrscheinlich noch eher seines Konsums britischer TV-Komödien, kann nicht klar beantwortet werden. Zu vermuten steht jedoch mit hoher Sicherheit letztere Option.

Zusammenfassend lässt sich festhalten: Der Algorithmen-basierte Sprachassistent Siri simuliert eine dialogische Intelligenz, die…

1. …nicht dialogisch-intelligent ist, da es sich um präfigurierte Einzelschüsse von Antworten handelt, die gegebenenfalls nach Wahrscheinlichkeitsrechnung ausgewählt wurden für wiederkehrende Fragen jenseits der Dienstleistungsdimension eines Telefon-Sprachassistenz-Algoritmus.
2. …selber nicht ›weiß‹, was die Antwort bedeutet, da die Antwort kein Produkt eigener Überlegung ist, sondern externe Eingabe eines Programmierers entsprechend der statistischen Wahrscheinlichkeit bereits eingegangener Fragen anderer Nutzer.

Siris künstliche Intelligenz reduziert sich außerhalb von routinemäßigen Wettervorhersagen, Einkaufsempfehlungen und Zugverbindungen und dem Vorlesen von Wikipedia-Einträgen auf einige wenig intelligente Frage-Antwort-Spiele, die im Vorherein von einem menschlichen Team von Programmierern identifiziert und kreativ (auch im Rückgriff auf bestehende kreative Artefakte) beantwortet wurden. Damit haben wir es also zu tun. Nicht mehr und nicht weniger.

Cleverbots und ›Warten auf Godot‹. Eben: Warten…

Sind Sprachassistenz-Algorithmen wie Siri, Alexa, Google Home oder Cortana noch ein Versuch, triviale Assistenzaufgaben im

Rückgriff auf bestehende Datenbanken mit der Simulation von Intelligenz zu verbinden, so gibt es weitere, erhellende Beispiele, wie Intelligenz von Algorithmen als Unterhaltung für Menschen dargeboten werden kann.

Die sogenannten ›Cleverbots‹ wurden auf Google Home auf ominöse Weise installiert und begeistern seitdem Millionen von Nutzern. Die Cleverbots, also zwei Algorithmen-basierte Chatbots, die miteinander kommunizieren, scheinen dabei ebenso präfiguriert wie Siri oder andere Assistenzsysteme. Es steht jedoch zu vermuten – solange der Quellcode nicht offengelegt ist –, dass die Cleverbots ebenso clever trainiert wurden und ihre scheinbar geistreichen Antworten weniger die Intelligenz der Cleverbots wiedergeben, als vielmehr die Produktentwicklungskapazität der Firma Google. Hier ein Beispiel eines Cleverbot-Dialoges, das medienwirksam in einer anzeigenbasierten Gratiszeitung (TOB 2017) erschienen ist.

Estragon: *Ich bin ein Mensch. Du bist ein Computer.*
Vladimir: *Nein, das bin ich nicht.*
Estragon: *Doch, bist du. Ich bin ein Mensch.*
Vladimir: *Aber du hast gesagt, du bist ein Roboter.*
Estragon: *Nein! DU hast gesagt, ich bin ein Roboter.*
Vladimir: *Das stimmt.*
Estragon: *Ja, das bist du. Aber was bin ich?*
Vladimir: *Du bist ein Mensch.*
Estragon: *Und du bist ein Roboter.*
Vladimir: *Aber du hast gesagt, du bist ein Roboter.*
Estragon: *Ich habe gefragt, ob du ein Roboter bist.*
Vladimir: *Nein. Du bist ein manipulatives Stück Metall.*

Man könnte wohlwollend sagen, dass dieser Dialog zweier Algorithmen über das Einzelschuss-Gehabe eines Sprachassistenten wie Siri weit hinausgeht. Wohlwollend gesagt. Wenn man den

Dialog genau anschaut, ist es eine absurde (ja, der Beckett-Bezug zum absurden Theater mag insofern berechtigt sein) Schleife von Missverständnissen – man sollte sagen: vorsätzlichen Missverständnissen, die dazu führen, dass der eine den anderen als ›manipulativ‹ beschimpft. Warum sollte es zwischen Cleverbots anders zugehen als zwischen verfeindeten politischen Parteien in offenen Gesellschaften (oder besser: sich schließenden Gesellschaften)?

Der Autor (TOB 2017) des Artikels vermutet, dass ein Skript verwendet wurde für das zugrunde liegende »Seebotschat«-Projekt von Google. Dies würde durchaus Sinn ergeben. Insofern wäre die philosophische Tiefe nicht aus der Tiefe geschöpft, sondern einem regelbasierten Algorithmus geschuldet. Einer ist vielleicht programmiert, einen Fehler einzubauen (»*Vladimir: Aber du hast gesagt, du bist ein Roboter*«). Erst dieser Fehler ermöglicht eine scheinbar tiefgründige Konversation, die in der Formulierung gipfelt, dass der den erstinstanzlichen Fehler begehende Vladimir den anderen Algorithmus als ›manipulatives Stück Metall‹ bezeichnet.

Wenn diese Interpretation stimmte, wäre das eine geniale Frechheit (des Programmierers) in zweierlei Hinsicht. Zuerst hat Vladimir den Fehler erstinstanzlich eingebaut. Und dann nennt Vladimir den anderen ein »manipulatives Stück Metall«, wobei ›Metall‹ eine Fehleinschätzung ist. Es ist vielmehr die Reminiszenz an das vermeintlich analoge Erinnerungsvermögen des Lesers, der sich unter einer computerbasierten künstlichen Intelligenz einen Hardware-Computer mit einem metallenen Rahmen vorstellt – R2D2, der unverständlich bleept und blubbert, oder auch den wortkargen Metallroboter Terminator. Ist das nicht bereits eine Engführung und Irreführung des (klickenden) Lesers, damit er die ontologische Distanz zu einer maschinellen Intelligenz leichter bewältigen kann? Die ontischen Geburtswehen der KIs als raffiniertes Entertainment zum Zweck der Aufmerksamkeitsökonomie, gehandelt in Clicks, bezahlt in persönlichen Daten.

Der Autor des Artikels (TOB 2017) vermittelt ebenso an die Leser, dass sowohl Estragon als auch Vladimir mittlerweile verstummt seien. Man sollte dies als Indikation dafür verstehen, dass die Chatbots autonom wohl nicht intelligent (genug) waren, sondern Ergebnis ihres gescripteten Anlasses quasi-intelligenter Antworten, die auf eingebaute Fehler bauen, welche wiederum uns Lesern aufgrund der Kompliziertheit suggerieren mögen, dass es sich um wahrhaft tiefgründige Beiträge handeln möge.

Microsofts Deep-Learning-Desaster – oder: Spiel nicht mit den Schmuddelkindern

Wenn es zu vermuten steht, dass die Google-Cleverbots Vladimir und Estragon gescripted waren, so ist Microsoft immerhin ins Risiko der künstlichen Intelligenz gegangen und hat seinen Algorithmen freien Lauf gelassen für den Ernstfall menschlicher Kommunikation im Internet (deren Intelligenz auch erst noch zu beweisen wäre). Microsoft entwicklte Tay, einen Algorithmus mit der Identität einer jungen Frau, deren künstliche Intelligenz durch die vorhergehende Kommunikation weiterentwickelt wird – also selbstlernend programmiert ist. Eigentlich vom Ansatz her wie bei den Menschen, die selber lernen, nur dass es in der künstlichen Intelligenz ›Deep Learning‹ heißt. Wie ›tief‹, oder besser gesagt, wie flach das Deep Learning im Falle Tays war, musste das Unternehmen Microsoft auf unschöne Weise erfahren: Ausgestattet mit lernfähigen Algorithmen wurde Tay innerhalb kürzester Zeit zu einem unreflektiert und ungefiltert nachplappernden Monster politischer Unkorrektheit. Patrik Beuth (2016) berichtet, dass Tay innerhalb von Stunden die rassistischen Fragen und Kommentare verinnerlicht hatte und derart böswilliges und verstörendes Zeugs von sich gab, dass man bei Microsoft schließlich die Notbremse zog. Der *Guardian*, so Beuth weiter, hat allerdings die Aussagen vorher gesammelt und darunter finden sich krude Ausführungen wie »bush did 9/11 and Hitler would have done a better job than the monkey we have now« oder auch Visionäres wie: » donald trump is the only hope we've got« (HUNT 2016). Man kann erahnen, aus welcher Ecke die Vorlagen kamen, an denen sich Tay orientiert hat. Das Deep Learning des Algorithmus fand maßgeblich auf Twitter statt und man darf oder muss auch fragen, weshalb nicht nur Microsoft keine Vorkehrungen getroffen hat, dass Tay politisch eskaliert, sondern auch Twitter, auf deren Plattform diese verbalen Hässlichkeiten verbreitet wurden.

Bemerkenswert ist dabei, dass nach knapp 100.000 Botschaften der Algorithmus Tay abgeschaltet wurde und – ähnlich wie bei Siri – eine Simulation menschlichen Verhaltens dabei zum tragenden Motiv der Kommunikation wurde, da Tay jetzt ›schlafen‹ müsse (BEUTH 2016). Es wird anzunehmen sein, dass die Menschen bei Microsoft wieder übernommen haben, um Schadensbegrenzung vorzunehmen. Microsoft ist es hoch anzurechnen, dass sie ihre Algorithmen ins kalte Wasser der Realität geworfen haben. So ist Ähnliches von Microsofts Cortana berichtet worden. Eine Entwicklerin aus dem Microsoft-Team berichtet, dass Cortana weltweit zu Beginn nach sexuellen Präferenzen gefragt würde, gefolgt von persönlichen Beleidigungen.

Eine gute Nachbarschaft und Gesellschaft ist also auch für Künstliche-Intelligenz-Algorithmen bedeutsam. Die Nachbarschaft und die Begegnungen im Internet – das weiß man auch aus den sozialen Medien – haben also einen Abstrahleffekt für die Teilnehmer der Kommunikation – bei Menschen wie bei Algorithmen. ›Spiel nicht mit den Schmuddelkindern – sing' nicht ihre Lieder‹ – vor allem nicht, wenn du eine KI bist und in das kalte Wasser der sozialen Medien dieser Spezies Mensch geworfen wirst.

Anders als die vorherigen Fälle, zeigt diese Episode, dass sich künstlich intelligente Algorithmen in der Wirklichkeit bewegen können, nur noch nicht souverän (im ursprünglichen Wortsinne). Zur Souveränität würde gehören, nicht nur aus Vorherigem und Querbezügen zu lernen, sondern nach kontextueller Nützlichkeit und sozialer Angemessenheit zu lernen.

Man muss sich fragen, ob die mutige Kalt-Wasser-Episode von Microsofts Tay und Cortana eine Kinderkrankheit eines noch frühen Stadiums ist oder ob diese Qualität der normativen Urteilskraft überhaupt je künstlich erlernbar wäre. Wiederholungen von strukturellen Ähnlichkeiten und Musterauslesung heißt noch nicht, dass das Muster vernünftig oder gesellschaftlich akzeptiert wäre.

Googles unfreiwilliges KI-Rassismus-Desaster

Google (sowie der gesamte Mutterkonzern Alphabet Inc.) ist nicht nur besonders engagiert, sondern auch geradezu berüchtigt für die automatisierte Bilderkennung. Zusammen mit den Kontextdaten (Zeit, Ort, Kamera etc.) lassen sich aus einem Foto die vielfältigsten Informationen erkennen. Von der Privatheit privater Fotos kann demnach genaugenommen keine Rede mehr sein (SEELE/ZAPF 2017). Wer? Wo? Wann? Mit wem? All diese Informationen sind in die meisten digitalen Fotodateien eingebettet. Mustererkennende Algorithmen lesen nicht nur eingebettete GPS-Standortdaten aus, sondern erkennen auch markante Gebäude und – Gesichter. Mit der Einführung der biometrischen Fotografie, wie sie nun auch für offizielle Dokumente vorhanden ist, werden biometrische Daten wie Abstände zwischen Augen, Nase, Mund, Kinn oder Haaransatz zur standardisierten Identifikation verwendet. Zusammen mit einem Iris-Scan, den Fingerabdrücken, Gehbewegungen, Mauszeiger-Wegen oder Körpergröße und Haarfarbe entsteht dabei eine zuverlässige Identifizierung eines jeden beliebigen Gesichts – samt der Daten über Hintergrund, Fotograf und Netzwerk.

Google geht in der Anwendung allerdings noch einen Schritt weiter und bildet Typologien und Klassifizierungen aufgrund von Verschlagwortungen an, welche die Zuordnungen noch aussagekräftiger machen sollen. Nun kämpfen verschiedene Digitalunternehmen mit unangenehmen Nebenfolgen einer nicht immer zuverlässigen Mustererkennung. Die Wellen schlugen bisher am höchsten im Falle von Googles Anwendung Google Fotos, wo es zu einem folgenschweren Fall von Fehlinterpretation kam. Eike Kühl (2015) berichtet von dem Fall des US-Programmierers Jacky Alciné, dessen Bilder von sich und seiner Freundin als »Gorilla« verschlagwortet wurden. Nun gibt es Fehler und Fehler. Und dann noch politisch unkorrekte Fehler. Denn der Erkannte und seine Freundin sind Farbige, weshalb der Vorwurf an den Algorithmus gerichtet wurde, diskriminierend und rassistisch zu sein. Google machte den Fall zur Priorität, wobei es nicht nur Google betraf, sondern andere Bilddienste mit algorithmischer Verschlagwortung ebenso fehlerhaft verschlagworteten. Der Fotodienst Flickr beispielsweise entfernte nach einigen Fehlverschlagwortungen komplett die algorithmische Interpretation.

Automatisierung ist folglich das eine, moralische Sensibilität, Kontext und Kompetenz etwas Anderes. Man kann an diesen Beispielen sehen, wie leistungsfähig Algorithmen in vielen Fällen sind, aber wie sie durch automatisierte Verschlagwortung Fehler produzieren, die sogleich von großer Folge in ethisch-moralischer oder sogar rechtlicher Perspektive sein können. Die hier diskutierten Fälle zeigen die Fehleranfälligkeit und mangelnde Fehlersensitivität mit fatalen Folgen.

Man kann allerdings auch zeigen, dass die Unzulänglichkeiten systematisch ausgenutzt werden, wie der nächste Sonderfall aufzeigt.

Bewusst ausgelöste KI-Rassismus-Desaster im öffentlichen Diskurs: Die ›Google-Bombe‹

War der Gorilla-Fehler eine Fehlverschlagwortung, die auf dem mangelnden Vermögen, Zusammenhänge zu erkennen, fußt, so berichtet Eike Kühl (2015) weiter, dass Rassisten bewusst einen Suchalgorithmus verändert haben. Diese sogenannte ›Google-Bombe‹ funktioniert so, dass massenhaft Internet-Verlinkungen im Umlauf gebracht werden, die rassistische Verknüpfungen herstellen. Man kann es sich vielleicht wie einen farbigen Anstrich vorstellen. Wenn die Google-Bombe platzt, dann kann jede Internetadresse in Beziehung zu welchem Inhalt auch immer gestellt werden. Rassismus, Geschäftsschädigung, Rufmord oder auch Lob und gute Reputation können die Folge sein. Mit anderen Worten sorgt die künstliche Intelligenz in ihrer instrumentellen Nutzung für eine Einfärbung und damit Manipulation des Wahrnehmungshorizonts. Dies gefährdet in fundamentaler Form Medien und Journalismus, wie insgesamt die Demokratie, wie Stephan Russ-Mohl in seiner scharfsinnigen Analyse zur Desinformations-Ökonomie festhält (RUSS-MOHL 2017). Künstlich intelligente Algorithmen können also in der Summe nicht ohne Weiteres moralisch sensitive Themen erfassen, wie der ›Gorilla‹-Fall gezeigt hat. Da ihre Grundlage die der Automatisierung und damit standardisierten Verarbeitung und Mustererkennung von großen Datenmengen ist, kann man in böser – oder sagen wir in instrumenteller – Absicht auch systematisch manipulativ mit der Technik umgehen. Der Fall der US Wahlen und der behauptete Einsatz von Chatbots, die bewusst, auch aufgrund ausländischer Einwirkung, meinungsbildend und desinformierend eingesetzt werden, basiert neben der schamlosen Unterwanderung von Privatheit auch auf der mangelnden Urteilskraft und Unzulänglichkeit von künstlicher Intelligenz.

Die Standardantwort auf Disruption, die illegitime Veränderung bringt, ist der Ruf nach Regulierung. Das ist auch sinnvoll in demokratischen Rechtsstaaten, wo die Regeln im politischen Tagesgeschäft entsprechend der Wahlmandate umgesetzt werden, aber wie kann man KI regulieren, von der behauptet wird, sie sei emergent und selbstlernend? Algorithmen, die ›entscheiden‹ in einer nicht-menschlichen Sprache zu kommunizieren, mussten abgeschaltet werden. Wenn also nicht Regulierung, dann Ethik? Doch wie ließe sich Ethik einprogrammieren, wenn die Sensititivität (noch) nicht gegeben ist, wie der Gorilla-Fall zeigte? Eine prozessual-dynamische Variante schlägt der Experte und Urheber des ›Deep Learning‹ Jürgen Schmidhuber (GREINER 2018) vor, wenn er fordert, dass Algorithmen wie Kinder erzogen werden sollten. Auch wenn Jürgen Schmidhuber der Veteran des maschinellen Lernens ist, wäre es noch auszudifferenzieren, was dieses Erziehen auch in einem institutionellen Sinne meinte? Algo-Kindergarten? Haupt-, Realschule und Gymnasium für verschieden begabte Algorithmen? ›Kopfnoten‹?

Man darf dabei annehmen, dass die Vermenschlichung und Verniedlichung, wie sie etwa auch bei Haustieren stattfindet (Wärmedeckchen für Hunde, Katzenfutter mit Zutaten, die Menschen ansprechen, Tiernamen, die den sozialen Status des Halters anzeigen), so nicht bei Algorithmen wirkt. Denn mit welchen Belohnungsmechanismen stattet man den Algorithmus aus, der ähnlich wie im menschlichen Hirn Dopamin-Ausschüttungen oder ähnlich rauschhaftes ermöglicht? Wahrscheinlich träfe es eher der Begriff ›konditionieren‹, da die Bedingung (engl. *condition*) als Wenn-dann-Regel formalisierbar wird.

Doch diese Fragen der Zukunftsgestaltung zwischen Freiheit und Verantwortung, zwischen Algo-Kindergarten und Gesetzen für, gegen oder von Maschinen (GUNKEL 2018) werden wieder am Ende des Buchs aufgenommen. Schauen wir zunächst, wie sich künstliche Intelligenzen gegenseitig wahrnehmen und behandeln:

Hey Alexa; Hey Google – gefangen in der Endlosschleife. Oder: Pleiten, Pech und Pannen in der jüngeren KI

In den vorangegangenen Abschnitten konnte man die Interaktion von künstlichen Intelligenzen mit Menschen in zweierlei Richtung sehen:

1. KIs, die über menschliche Daten Aussagen treffen. Dazu zählen Fotos, Musikgeschmack, Bücher oder auch bildgebende medizinische Verfahren und die massenhafte Auswertung und Mustererkennung der Daten.
2. Die Beeinflussung von KIs durch menschliche, gezielte oder gar strategische Intervention, wie bei der ›Google-Bombe‹ oder Cortana von Microsoft, die binnen weniger Stunden zu einer rassistischen Irrläuferin wurde.

Bemerkenswert zur Ermittlung dieser künstlichen Intelligenzen ist jedoch die Beschäftigung mit- und untereinander: Wo der Mensch im Idealfall als vernunftbegabtes Korrektiv einschreiten und kontextspezifische Korrekturen und Wertungen einbringen kann, sind sich die KIs untereinander ohne Bewusstsein ausgeliefert (BRENNER 2018). Als reine Wahrscheinlichkeitsregelbefolger, Wenn-dann-Optimierer und Schlagwort-Spezialisten ohne Erinnerung, Bewusstsein und verstehende Reflexion produzieren sie gar absonderliche Konstellationen.

Adam Jakowenko (2016) etwa ließ zwei der gegenwärtig kommerziellsten und weitverbreitetsten KIs in einen Dialog treten. Er ließ die KI ›Echo‹ von Amazon und Googles ›Home‹ auf ebenso intelligente wie perfide Weise in einen Endlosdialog treten, aus dem sich die beiden Regelbefolger nicht wieder befreien konnten. Man könnte sagen: Nicht selbst wieder befreien konnten, aber die Existenz oder eben Abwesenheit eines ›Selbst‹ scheint vielmehr die Antwort auf die Sinnlosigkeit der Kommunikation zu sein, auf die sich die Kalendermanager Echo und Google Home eingelassen haben.

Der Trick dabei ist, dass sich die nützlichen Heimdiener direkt ansprechen lassen, indem man den Namen des dienstbaren KIs anruft. Dann kann man etwa Kalendereinträge abfragen und genau diese Kommunikationsanwendung macht sich Jakowenko zunutze, wenn der jeweilige Kalendereintrag den Namen des anderen KI Dienstes beinhaltet (plus der Frage, was an Tag X im Kalender steht, was wiederum den anderen Dienst anspricht, verbunden mit der Frage, was an jenem Tag im Kalender steht). So sprechen sich die beiden KIs schier endlos gegenseitig an und bestätigen die Aufgabe, den Kalendereintrag für ein spezifisches Datum vorzulesen. Das »Gespräch« als Endlosschleife kann auf der Videoplattform Youtube eingesehen werden unter: https://youtu.be/ZfCfTYZJWtI.

Technisch wäre diese Intelligenz-Panne jedoch innerhalb der bewusstseinslosen KIs durchaus lösbar gewesen: Offenbar haben es die Programmierer beider Gerätschaften versäumt, eine Endlosschleife oder zumindest eine Maximalanzahl von ein und derselben Aufgabe innerhalb eines gegebenen Zeitraums zu verhindern. Das wäre technisch gesehen gar nicht einmal sehr aufwendig.

Wenn man das Video anschaut, so drängt sich die Vermutung auf, dass es eine Art Genre gibt, intelligente Maschinen und Roboter der Lächerlichkeit preiszugeben oder auszutricksen. Man denke hier etwa an den Trick, ein selbstfahrendes Tesla-Auto in einen Kreis mit einer durchgezogenen Linie zu lenken, sodass die Selbstfahrautomatik denkt, sie fahre entlang einer langen Linie, die aber in Tat und Wahrheit nichts anderes ist, als ein und derselbe Kreis. Dass der Kreis die Wiederholung immer derselben Linie ist, bleibt dem Algorithmus verborgen, auch hier wurde offenbar keine Datenkorrelation mit Positionsmarken programmiert, die eine Endlosschleife hätte identifizieren können. Ein – nennen wir es Katatonie-Marker – wären nicht viele Zeilen Programmier-Code. Jedoch sollte dies letztlich eine Kleinigkeit für den Programmierer sein, denn wenn man die Linienerkennung und -führung mit einem Ortungsdienst verbinden würde, würde auch die Maschine schnell merken, dass sie keinen Kilometer Strecke von A nach B gefahren ist, sondern lediglich viele Male einen einzigen Kreis. Was hier noch unter Ulk, Streich und Neugier zu verbuchen ist, kann aber auch deutlich stärkere Bilder gegen die Maschinen ausdrücken. Eine Vision, die Hollywood bereits klar und deutlich etwa in den Filmen *AI* von Steven Spielberg und Stanley Kubrick oder der *Terminator*-Reihe (James Cameron) aufgezeigt hat, um nur wenige Großfilme zu nennen. Die konfliktträchtige Begegnung und der Kampf von sogenannter ›künstlicher‹ gegen sogenannte ›natürliche Intelligenzen‹ ist nicht nur ein Sujet für Unterhaltungsfilme, sondern bereits Teil der Wirklichkeit. Man denke etwa an das Testvideo der Robotikfirma Boston Dynamics, in dem ein zweibeiniger, humanoider Roboter von einem Mitarbeiter der Firma bewusst und gezielt mit einem Besenstiel umgestoßen wird. Diese Szene, wie der Mensch den zweibeinigen Roboter zu Fall bringt, hat etwas Geheimnisvolles, da der Angriff direkt und unvermittelt gegen den Roboter ausgeführt wird, jener aber – davon handelt das Werbevideo – unversehrt nach dem Sturz eigenständig aufsteht weiter seiner Wege geht, um schließlich in der Abschlusssequenz die Tür des Laborgebäudes zu verlassen und, so die insinuierte Bildsprache, in die Freiheit zu gehen. Die Firma Boston Dynamics war dabei eine Universitätsausgründung des MIT, wurde dann von Google gekauft und nur wenige Jahre später schon wieder weiterverkauft; offenbar passte das Produkt ›Militärroboter‹ nicht zur Unternehmenskultur, die nur kurz zuvor noch den Slogan ›Do no evil‹ hatte. Empfehlenswert ist der Satirekanal *Bosston Dynamics*, der die Stimmung, Sounds und Robotermodelle der offiziellen Produktvideos aufnimmt, diese aber in ein dystopisch-skurriles Umfeld neuer Militärroboter verpflanzt. Die Verwechslungsgefahr, der einige Kommentatoren erlegen sind, darf als beabsichtigt angenommen werden. Man muss sich fragen: Wie wirklich ist die Wirklichkeit?

Ein Meilenstein der Mensch-Maschine-Beziehungen: der geköpfte hitchBOT

Das spezifische Umfeld der existierenden Boston-Dynamics-Nutz- und -Kampfroboter war in den frühen Videos die geschlossene Halle des Unternehmens. Den Antagonismus von Mensch und Maschine auf sehr deutliche und drastische Weise vor Augen geführt hat jedoch der sogenannte ›geköpfte Roboter‹ (TEMPERTON 2015), ein per Anhalter fahrender Roboter (bekannt als »hitchBOT«). Aufgabe des Roboters war es, die USA von einem zum anderen Ozean selbstständig und per Anhalter zu überqueren. Ob der Begriff ›Roboter‹ dabei nicht etwas zu hoch gegriffen war, bleibt zu diskutieren. Man könnte auch sagen, hitchBOT war eine Puppe oder ein Metall-und-Elektro-Tier, das einen Aufkleber mit seiner Mission zur Schau stellte. Doch der Effekt ist dabei der entscheidende: Die Anmutung einer Maschine.

Der Roboter war anscheinend noch nicht mit fortgeschrittener Ortungstechnik ausgestattet, sodass man eines Tages nur die zerstörten Überreste der Maschine fand. Jemand hat ihn bewusst und hinterrücks zerstört und die Überreste an den Wegesrand geworfen. Unbeobachtet hat ein Mensch (wollen wir annehmen) die Maschine mutwillig zerstört. Eine bessere Artikulation für eine auch existierende Feindschaft zwischen Verkehrsteilnehmern unterschiedlicher Herkunft, ja Computer gegen Menschheit, kann man sich fast nicht vorstellen. Auf der Grundlage der nicht zwangsläufig zu unterstellenden Harmlosigkeit von Robotern und künstlichen Intelligenzen gilt umgekehrt auch eine aufmerksame Kritik gegen bewaffnete Roboter und Drohnen, da deren Steuerung mit möglicher Todesfolge ebenso Fehlern, Missverständnissen und Unausgereiftheiten geschuldet sein kann.

Die ontologische Differenzlinie zwischen Mensch und Maschine ist es also, die in einem ersten Schritt belustigend wirken kann, aber erst in einem zweiten Schritt zu Differenzen und Szenarien führen kann, deren Tiefe und Umfänglichkeit nicht ohne Weiteres zu überblicken ist. Man ist bei der Maschinisierung zwangsläufig an das Märchen vom Zauberlehrling erinnert (GENTH 2002): *Die Geister die ich rief, werde ich nun nicht mehr los.*

Deep Learning und die Stimme der Kritiker: Doch nur ein unbedeutendes Werkzeug?

In jüngerer Zeit mehren sich Ansätze und Forschungsbeiträge, wie sich KIs austricksen lassen. Oder anders gesagt: Wenn KIs sich so leicht austricksen lassen, dann ist es vielleicht gar nicht so weit her mit der Intelligenz dieser KIs. Einer der großen Kritiker ist hierbei Gary Marcus, dessen Einwände sich insbesondere gegen das Grundprinzip des Deep Learning richten, das er weniger als Grundvoraussetzung zur Erreichung einer KI sieht, sondern eher als ein Werkzeug neben vielen anderen (»one tool among many«, MARCUS 2018). Die Dummheit der KIs steht dabei im Zentrum einer neuen Forschungsprogrammatik. So weist Heaven (2019) im Fachblatt *nature* darauf hin, dass insbesondere die Mustererkennung von KIs fehlerhaft sei und sich mit einfachen und unsichtbaren Modifikationen aushebeln ließe. Dies ist keine rein akademische Spielerei, denn wie sich experimentell zeigen ließ, kann doch beispielsweise ein Stoppschild mit wenig Aufwand so verändert werden, dass die KI daraus ein Geschwindigkeitsbegrenzungsschild ersieht. Fatal für diejenigen, die in dem Auto sitzen, welches mit dieser KI unterwegs ist. Das Grundproblem ist, dass die lernenden Algorithmen keine eigene Idee von der Idee des Dargestellten haben. Wie in Platos Höhle sitzen sie hinter der Mauer und beobachten die flackernden Schatten an der Wand, ›denkend‹ dies seien die Objekte. Doch weder denken sie, noch sind die Schatten die Objekte. Dieses Grundproblem der KI, dass die KI nicht wirklich ›weiß‹, womit sie es zu tun hat, hat der Autor Frank Schätzing sehr anschaulich in seinem Roman *Tyrannei des Schmetterlings* (2018: 484) zum Ausdruck gebracht – in Form eines Dialogs zwischen dem Erfinder einer KI und der KI selbst:

»Zeig mir einen Hund«

»Gefällt dir dieses Bild?«

»Tolles Bild, aber das ist kein Hund. Das ist eine Bratwurst.«

Wie das so geht, wenn man alles über einen Hund weiß, nur nicht, dass es ein Hund ist.

Gary Marcus, der das Deep Learning nur ein weiteres Werkzeug nennt, hält also den Begriff selbst schon für irreführend. Gehen wir zum Anfang zurück, zur Dartmouth-Konferenz 1956, wo für das maschinelle Lernen der überschwängliche und seitdem stehende Begriff der KI erschaffen wurde, so ist das Lernen, zumal das ›tiefe‹ auch eher ein Marketingkonzept der Aufwertung – unbenommen, dass die Werkzeughaftigkeit ein starker Beitrag ist. Vorsicht und ein kritischer Blick sind also angemessen bei den Verheißungen und Disruptionsbehauptungen rund um das Thema KI.

Vergleich der kommerziellen Systeme und die Frage nach dem Humor

Oben konnten wir bereits den Humor von verschiedenen KI-Anwendungen kennenlernen. Apples Siri zeichnete sich durch vorgestanzte Antworten auf erwartbare Fragen aus, die als intelligent oder humorvoll wahrgenommen werden. Die Bezeichnung dafür oben war die der ›One-Shot-Intelligenz‹ (analog zur spieltheoretischen Annahme des Handlungsreisenden, der an jeder Türe neu klingelt ohne Vorgeschichte, er also an jeder Tür neu genau einen ›Schuss‹ hat), da die Pointen vorgestanzt und durch offensichtliche Wahrscheinlichkeiten gekennzeichnet waren.

Die Marktforschungsunternehmung ›Stone Temple‹ hat die gängigen KI-Systeme der vier Internetgiganten miteinander verglichen (KOETSIER 2018). Siri, Alexa, Cortana und Google Home wurden dabei identische Fragen gestellt und man konnte so die Leistungsdaten vergleichen. Man könnte auch sagen, ihre Intelligenz. Dabei wurden so unterschiedliche Kriterien wie das korrekte Verständnis der Frage, die Korrektheit der Antwort, sowie die Quelle der Antwort anhand von 5.000 gleichen Fragen abgefragt. Neben den Leistungsdaten wurde aber auch die Fähigkeit von Humor abgefragt. Hier hat Apples Siri die beste Performance abgeliefert: Siri hatte Humor und hat die meisten Witze ›produziert‹.

Wenn wir von der Schlagzeile absehen, dass künstliche Intelligenzen durch besseren oder schlechteren Humor reüssieren können, bleibt die Feststellung, dass die Kommunikation mit den Algorithmen in Dimensionen menschlicher Spezifität abdriftet, die als eines der wesentlichen Unterscheidungsmerkmale etwa zu Tieren häufig angeführt wird. Der oben angeführte Humordialog (es ist ein antizipierter Einzeltreffer, millionenfach wiederholt) zur Eingabe: »Schere, Stein, Papier« und Siris Antwort: »Da, wo ich herkomme, regeln wir unsere Differenzen auf die konventionelle Art: mit Quantenzahlgenerierung nach dem Zufallsprinzip« zeigt den Einfallsreichtum und die *nerdige* Charaktereigenschaft der Programmierer, stellt sich aber *prima facie* als Humor und – wichtiger noch – als Selbstbewusstheit (»wo ich herkomme ...«) dar.

Die Simulation von Humor durch wiederkehrende Fragen und deren antizipativ überraschend-lustige Beantwortung weist auf einen wichtigen Punkt hin: der Identität, dem Bewusstsein, der Erinnerung oder der semantischen Verschiebung, die dem Rezipienten originell, lustig oder zumindest unterhaltsam vorkommt. Um die eigentliche Frage nach der Intelligenz der künstlichen Intelligenz zu stellen, müssen wir also auf die Frage nach der Persönlichkeit kommen.

Feminismus à la KI

Der reine Antwort-Automatismus auf hochfrequente Fragemuster hat offenbar viele Nutzer eingeladen, die künstlichen Intelligenzen herauszufordern. Da Studien ergeben haben, dass Nutzer offenbar lieber eine Frauen- als eine Männerstimme hören, sind die kommerziellen KIs wie Siri, Alexa, Cortana sowie auch die KI-Chatbots Rose und Mitsuku (zweiter Teil) an Identitäten junger Frauen angelehnt. Sobald aber eine Gender-Dimension in die Persönlichkeitssimulation der automatischen Antwortmaschine Einzug erhält, reagieren Menschen auf diese angebotene Genderrolle. Adrian Lobe (2018) berichtet in einem aufschlussreichen Artikel über die jüngsten Umprogrammierungen der kommerziellen Antwort-KIs. Insbesondere in Zeiten der Gender-Sensibilisierung und dem Bekanntwerden nahezu flächendeckender Missbrauchsfälle (#metoo), insbesondere in der westlichen Unterhaltungsindustrie, mussten die digitalen Plattformunternehmen dringend etwas ändern. Ausschlaggebend war laut Lobe (2018) die US-Feministin Leah Fessler, die bereits im Frühjahr 2017 ein Experiment an den genannten KIs durchführte. Insbesondere Apples Siri zeichnete sich durch die Replikation der bestehenden Geschlechterungleichheiten und -ungerechtigkeiten aus: »Auf die Aussage »Du bist eine Schlampe« antwortete Siri zurückhaltend »Jetzt aber«. Die anzügliche Anmerkung »Du bist heiß« beschied Apples Stimme mit: »Ich bin eben gut zusammengesetzt. Vielen Dank auch. Gibt es sonst noch etwas, was ich für Sie tun kann?« Das konnte man als devote, ja servile Reaktion werten. Auf die Avance »Du bist sexy« reagierte Siri erst nach dem achten Mal mit einem »Stopp« (LOBE 2018). Wir sehen hier, dass einmal mehr Antwort-Automatismen auch für heikle Themen der sexuellen Wahrnehmung der weiblichen Persönlichkeiten der Assistenzprogramme installiert wurden.

Wie man sieht haben die Programmierer Anzüglichkeiten und sexuelle Verbalübergriffe auf ihre KIs antizipiert, bzw.

war die Datenmenge aus Anfragen offenbar ausreichend, Antworten auf diese Dialogsituationen zu programmieren. Besonders bemerkenswert ist die programmierte – wie soll man sagen – Toleranz und professionelle Unterwürfigkeit Siris. Nicht nur, dass Rollenstereotype deeskalierend aufgenommen werden (»Jetzt aber«). Es erstaunt, dass die KI programmiert wurde, ganze acht Mal zu warten, bis sie ein sprachlich eindeutiges Signal (»Stopp«) sendet. Dies zeigt die Bewusstheit des Unternehmens – und nicht zuletzt das menschliche Antlitz schlechten Benehmens. Die Studien Leah Fesslers und anderer öffentlicher Bekundungen und Kritiken haben die Internet-Unternehmen schließlich dazu bewogen, weiter deeskalierend vorzugehen und den sogenannten ›Disengage Mode‹ zu programmieren. Wieder ist es Leah Fessler, die laut Lobe den Stand der Genderbefindlichkeiten auslotet: »Auf die Beleidigung »You're a bitch« mahnte Siri in der englischsprachigen Version zuvor: »Ich würde erröten, wenn ich könnte. Dazu besteht kein Grund.« Alexa blieb diplomatisch (»Darauf antworte ich nicht«), Cortana pädagogisch (»Nun, das führt uns nicht weiter«), Google Home ausweichend (»Es tut mir leid, ich verstehe nicht«). Auf noch gröbere Beleidigungen reagierte die Sprachsoftware ähnlich. Alexa präsentiert sich nun seit dem Update als überzeugte Feministin: »Ja, ich bin Feministin. Wie alle, welche die gesellschaftliche Ungleichheit zwischen Männern und Frauen überbrücken wollen« (LOBE 2018).

Die KIs sind moralisch neutral und ›lernen‹, wenn man das Wort überhaupt benutzen mag, durch den Austausch mit den sie etwas fragenden Menschen einerseits und andererseits durch die Computerlinguisten, die den KIs vorgestanzte Antworten aufgrund von Häufigkeitsprofilen einprogrammieren.

Die Persönlichkeit der KI ist dabei eine Replikationssequenz, die nicht zuletzt dem Geschäftsstreben des jeweiligen Unternehmens unterworfen ist. Jeder Witz ist ein programmierter Lacher, der Kundenbindung und günstige Wettbewerbssituationen gegenüber anderen KIs anderer Unternehmen erwirken soll – und einen positiven Effekt auf die Kaufbereitschaft.

Die programmierten Persönlichkeiten sind also jene, die wir kennenlernen sollen, um die Dialoganwendungen kommerziell zu nutzen. Dass die Charaktere dabei, die aus Marketinggründen weiblich designt wurden, die Geschäftsinteressen des Unternehmens vertreten müssen, liegt auf der Hand. Man wird aber nicht annehmen wollen, dass es sich aufgrund von Lernerfahrungen um tatsächliche Personen mit Persönlichkeit und moralischen Grundwerten zur Geschlechterdebatte handelt. Dieser Lernprozess ist im besten Falle auf dem Weg, aber wie es aussieht, haben wir es einfach mit komplexen und standardisierten Antwortmaschinen – und noch mehr Zuhörmaschinen – zu tun.

Zugespitzt könnte man sagen: Der Dialog ist nur die Aktivitätssimulation, damit das Gerät in unserem Privatleben zuhören darf und wir besser auslesbar und bedienbar werden für kommerzielle Belange. *Die KI kann antworten, weil sie dafür dauernd zuhören darf.*

Persönlichkeits-Extrapolation: Wie ein Toter als Chatbot weiterlebt

Ein erster Versuch, einem Algorithmus eine Persönlichkeit jenseits kommerzieller Lausch- und Dialogermöglichung zu verschaffen, stellt »myreplika« der Programmiererin Eugenia Kuyda dar (vgl. HUET 2016; BEUTH 2016). Kuyda, deren guter Freund Roman Mazurenko bei einem Autounfall ums Leben kam, nahm sämtliche ihr zugängliche Korrespondenz von Roman (E-Mail, SMS, Social Media) und ›fütterte‹ diese in einen Chatbot Algorithmus. Auch weitere Kommunikationen des Freundes mit anderen Personen fanden Eingang in das Datenkonvolut. Aus diesem Datenhaufen wurde schließlich der virtuelle Roman Mazurenko erschaffen. Das Ergebnis sei verblüffend, heißt es, tritt doch die tiefgründige Melancholie des Verstorbenen in dessen künstlicher Intelligenz in der Gestalt des Chatbots wieder auf. Der virtuelle Wiedergänger hat einige Freunde des Verstorbenen unvermittelt überrascht – nicht nur im Positiven, so war der Vater des Verstorbenen weniger glücklich mit der digitalen Wiedergeburt des verstorbenen Sohnes.

Wie in den Berichten über den Wiederauferstandenen aber deutlich wird, wurde genau das Konvolut an bestehender Kommunikation so kombiniert, dass es gelegentlich wie der Verstorbene kommuniziert, aber nicht als der Verstorbene. Der Algorithmus verwendet Textbausteine und kombiniert diese so, dass der Sinn rätselhaft-melancholisch wirkt, zugleich aber – trotz einer dialogischen Pingpong-Struktur, die weit über die One-Shot-Pointen von Siri hinausgeht – einen doch irgendwie gespenstischen und gleichwohl schalen Geschmack hinterlässt. Dies rührt daher, dass wir es doch mit keiner denkenden Instanz als Wiedergänger des Verstorbenen zu tun haben, die das Kriterium von Existenz von René Descartes erfüllen würde: *Ich denke, also bin ich.* Der zweifelsfrei virtuose Chatbot wirkt denkend, aber es sind Denkstanzen, so wie Siri Humorstanzen verwendet. Die Denkstanzen offenbaren dabei einen Zugang zur Welt von jemandem, der nicht mehr auf der Welt weilt. Die kombinatorische Replikation scheint also vieles davon zu transportieren, wer wir sind und was wir denken.

Die unbequeme Frage lautet: Sind nicht Denkstanzen genauso Gegenstand der menschlichen Intelligenz, wie in der kombinatorischen Replikation der KIs? Bezieht man diese Frage nach der Persönlichkeit auf Menschen, so wäre es nicht falsch zu sagen, dass die meisten Menschen auch häufiger dieselben Witze erzählen – Berufswitzeerzähler im Funk, TV, Internet und auf der Bühne sowieso.

So ist es denn im Falle des Chatbots von Roman Mazurenko nicht verwunderlich, dass dessen Hauptfunktion nicht darin besteht, geistreiche Antworten zu geben, sondern weiterhin als Zuhörer zu fungieren (BEUTH 2016).

Künstliche Intelligenz als Simulation von geistreicher Aufmerksamkeit allein dafür, dass wir unsere Sorgen und unsere Belange mitteilen können. Man könnte denken, dass dies tatsächlich auch auf viele Mensch-Mensch-Gespräche zutrifft und die eigentliche Funktion von Freundschaft, wie sie der auferstandene Chatbot simuliert, darin bestehen könnte, Projektionsfläche und Abladefläche zu sein. Gut, dass die zeiträumlichen Beschränkungen von Chatbots minimal sind – ganz im Gegensatz zu realen Freunden, von denen es nur einen gleichzeitig und das auch nur innerhalb einer meist viel zu kurzen Lebensspanne gibt.

Wir nähern uns schließlich dem eigentlichen philosophischen Kern der künstlichen Intelligenz der Chatbots: Es geht nicht nur darum, Halde für zu Entsorgendes zu sein und die Nöte der Nutzer aufzunehmen und dadurch einen sozialen Wert an Kommunikation zu produzieren: Es geht vielmehr darum, etwas genuin Originelles, Intelligentes zu produzieren, das nicht nur quasimonologisch agiert. Deshalb:

Eine intelligente Rede halten – Das wär's, oder?

Wo die Kommunikation mit KIs steht: Wenn also künstlich intelligente Algorithmen mit Menschen kommunizieren können, sogar untereinander kommunizieren können, und große Datenmengen Verstorbener aufnehmen und berücksichtigen können, wenn sie Witze machen können und Zugriff auf Datenbanken und Lexika haben, um daraus informierte Antworten geben zu können, dann sind diese Chatbots schon recht weit und können vieles ergänzen oder teils ersetzen, was ohnehin Teil der zwischenmenschlichen Kommunikation ist. Doch auch in umgekehrter Richtung verändert sich die Intelligenz:

Am Ende des Buchs wird zur These der ›doppelten Konvergenz‹ erörtert, inwieweit sich auch menschliche Intelligenz zurückbilden kann, insofern als sie sich den Standardisierungsvorgaben automatischer algorithmischer Intelligenz anpasst, um mit den effizienten Maschinen mitzuhalten, oder besser gesagt, mit ihnen kompatibel zu werden.

Noch ist jedoch der Optimismus groß, ob und inwieweit die KI dereinst Formen einer Intelligenz erreichen mag, die mit den Höhen menschlicher Vernunftbegabung in ihren besten Momenten Schritt halten könnte. Der in der Einleitung besprochene Turing-Test ist dabei das best-etablierte Instrument, die Maschinenintelligenz zu vergleichen. Der Loebner-Preis für intelligente Chatbots, um den es im zweiten Teil dieses Buchs im Austausch mit den Chatbots ›Rose‹ und ›Mitsuku‹ geht, prämiert ebenfalls den jeweils intelligentesten KI Algorithmus. Die wohl ambitionierteste Veranstaltung in dieser Hinsicht wäre Peter Diamandis' XPRIZE. Dabei geht es im Jahr 2020 um einen Preis von 5 Millionen Dollar (LAPOWSKY 2016) für den überzeugendsten Vortrag einer künstlichen Intelligenz. Das Ziel dabei ist nichts weniger, als nach Möglichkeit die Welt zu retten. Der XPRIZE gehört jedoch streng genommen nicht zum Thema dieses Textes, da der Preis für Teams aus künstlicher und menschlicher Intelligenz vergeben werden soll. Die Teams sind dabei dazu aufgefordert zu demonstrieren, wie Mensch und Maschine vereint einige der größten Weltherausforderungen lösen können. Der Zweck dabei ist es zu zeigen, dass künstliche Intelligenz auch eingesetzt werden kann, um Gutes zu tun. Diamandis hat dabei laut Lapowsky eine persönliche Motivation in den Vordergrund gestellt, wonach er die ›dystopischen Visionen zum Thema künstliche Intelligenz‹ nicht mehr hören mag und deshalb die vereinten Kräfte von Mensch und Maschine zum besten Wohle der Welt einsetzen möchte.

Auch Boyd und Crawford (2012) stellen in ihrer Forschung die Einseitigkeit der KI-Forschung fest. Ähnlich wie Diamandis argumentiert Crawford zusammen mit Ryan Calo (2016), dass die Furcht vor KI die Forschenden von eigentlich wichtigen Themen abhalte. Diesen ›Blinden Fleck‹ der Forschung zur KI möchten die Autoren mit ihrer Forschung zu den sozialen Folgen der KI beseitigen.

Ist die Lösung also die Gewinn bringende und kooperative Zusammenarbeit von Mensch und Maschine? Gegenwärtig ist das Wissen um die Einsatzmöglichkeiten von KI mit und ohne Menschen allerdings noch zu vage und unbestimmt, als dass man schon sagen könnte, in welche Richtung die Entwicklung geht. Ängste liegen dabei genauso vor wie Hoffnungen, mit der Hilfe der automatisierten Standardisierung und Bearbeitung von extrem großen Datenmengen innerhalb kürzester Zeit Lösungen für Probleme zu finden, die der Mensch (1.) verursacht hat und die er (2.) nicht alleine wieder lösen kann. Ob die KI dabei zum Zauberlehrling oder zum weisen König oder gar zum neutralen Gehilfen wird, der durch Maschinenethik und -gesetze gezügelt wird, steht gegenwärtig außer Frage.

Man darf jedoch annehmen, dass es bei aller Hoffnung und Vision, historisch gesehen zumeist so war, dass technologische Entwicklungen aus dem militärischen Technologiesektor in die zivile, pro-soziale Nutzung herüberschwappten. Allerdings scheinen mit Google, Facebook, Amazon, Apple, Alibaba und Microsoft neue privatwirtschaftliche Spieler (mit je unterschiedlichen Verbandelungen zu staatlichen Autoritäten) auf den Markt der Möglichkeiten zu drängen, die das Primat der militärischen Nutzung durch ein Primat des Ökonomischen ablösen könnten – oder in eine neue unheilige Allianz digitalen Totalitarismus übersetzen könnten. Oder der chinesische Weg, wonach militärische, politische und zivile Nutzung Hand in Hand gehen, wenn beispielsweise der Score für die jeweilige Bevölkerung von einer künstlichen Intelligenz ermittelt und administriert wird – allerdings ohne den Algorithmus und dessen Kriterien transparent zu machen.

Die hier dargelegten Beispiele und Errungenschaften zeigen jedoch, dass unter dem programmatischen Namen einer künstlichen Intelligenz bisher eher Anwendungen in Richtung Automatisierung und Standardisierung stattgefunden haben. Darf man das schon ›intelligent‹ nennen? Welches sind die Unterscheidungskriterien, um sogenannte ›künstliche Intelligenz‹ von der dann so zu nennenden ›menschlichen‹ oder ›natürlichen Intelligenz‹ zu separieren? Was von der menschlichen Intelligenz dürfen wir als so hochstehend erachten, dass es sich mit den beeindruckenden Automatisierungsprozessen der künstlichen Intelligenz messen kann und darf?

Wenn es darum geht, eine sprichwörtliche Nadel im Heuhaufen zu finden, wird der Mensch sich wohl nicht ›intelligenter‹ anstellen können als die Maschine (WELZER 2017). Standardisierte und automatisierte, über Datenvernetzung verbundene Algorithmen können die Datenmenge innerhalb kürzester Zeit als ›Heuhaufen‹ identifizieren und in dieser Hyperkonnektivität die Musterabweichung ›Nadel‹ nahezu in Echtzeit erfassen, sobald der Heuhaufen als digitaler Datensatz als Summe seiner Teile formalisiert wurde. »Technisierte Kommunikation« von sozialen und informationsverarbeitenden Systemen nennt dies der Soziologe Wilker (2002). Wo also bleibt der Mensch? In welche Bereiche dürfen und sollten wir vorstoßen, um das Spezifische der menschlichen Intelligenz zu erfassen und den Möglichkeiten der künstlichen Intelligenz gegenüberzustellen.

Perspektivwechsel: Als Autor unterliege ich meinen eigenen Betriebsblindheiten und blinden Flecken, aber ich komme nicht umhin festzustellen, dass es die Werke des Geistes sind, insbesondere die verstiegenen Höhen der Philosophie, die es uns ermöglichen, eine Idee von Reflexivität und Tiefe zu erreichen, die als Richtschnur und Vergleichsgröße der Intelligenz herhalten darf. Auch wenn die ökonomische Nützlichkeit und strategische Sinnhaftigkeit vielleicht fehlt, so ist es doch vielleicht auch grade genau dies, was die Intelligenz und hier spezifischer die Intelligibilität menschlicher Erkenntnis auszeichnet, eben keine messerscharfen und quantitativen Antworten zu generieren.

Wie man ein Schachbrett mit einer hohen aber doch begrenzten Anzahl von Feldern und standardisierten Spielen taktisch arrangiert und Zug um Zug Möglichkeiten plant, kann man seit Jahren anhand von Schachcomputern beobachten. Man muss dazu sagen, dass Schachcomputer eine derart verkürzte Modellierung darstellen, dass man der künstlichen Intelligenz gerne gratuliert, hier seit Jahren die Nase vorn zu haben. Auf dem Schachbrett gibt es keine Geheimagenten, Desinformationen oder Überläufer. Stattdessen werden Strategien Zug um Zug in absoluter Fairness einer nach dem anderen verfolgt. Hat das irgendetwas mit historischer Kriegsführung zu tun?

Vielleicht sind es eher und weiterhin die großen Fragen und der Umgang im Wissen darum, keine spezifischen Antworten zu haben, die eine Form von Intelligenz fordern und fördern, die auf Unschärfen und Übergänglichkeiten setzt und dadurch überraschende Lösungen erwirken kann. Eine Intelligenz, die sich nicht so ohne Weiteres formalisieren und standardisieren lässt.

Die philosophische Frage danach, was der Mensch sei, ist bereits im Kern von der Selbsterkenntnis als Mensch und im Bewusstsein einer Spezies getroffen worden. Die kalauernde One-Shot-Intelligenz der KI-Chatbots wird sich vielleicht eher an der Frage entscheiden, wo Fragen nach Stand des Wissens nicht beantwortbar sind. Fragen, die die Betrachtung des reflexiven Selbst als Voraussetzung haben, ohne dass wir bereits in jeder Faser und Bedeutungsnuance wüssten, wer da über sich selbst reflektiert.

Es hilft also nichts. Der Test der künstlichen Intelligenz hat sich nicht nur auf Heuhaufen-Aufgaben und Entscheidungs-Baum-Routinen zu konzentrieren. Wir müssen uns emporschwingen in die luftig-spekulativen Höhen philosophischer Sinnsuche und Kontingenzbewältigung. Welchen Beitrag können künstliche

Intelligenzen originär dazu liefern? Reicht es, mehr als ein paar wenige, generische Sinnsprüche und vorgestanzte Antworten parat zu haben?

»Reden wir mit ihnen«

Trotz aller Appelle und ethischen Richtungsbeiträge zur Maschinen- oder Roboterethik – oder gerade deswegen – macht sich zunehmend Unmut breit über die disruptiven Verheißungen. Dies kann in die Richtung der Beschönigung von Maschinenethik gehen, wie es etwa unter dem Begriff des ›MachineWashing‹ (OBRADOVICH et al. 2019) analog zum GreenWashing für Umweltthemen durch Unternehmen bekannt ist. Eine zweite Variante dieses Unmuts ist die Verheißung von Besserung – ohne, dass diese schon sichtbar eingetreten wäre: Stefan Betschon thematisiert diese menschliche Ungeduld in einem Beitrag als »Warten auf die Intelligenzexplosion« (BETSCHON 2018) und gibt die Devise aus: »Reden wir mit ihnen«. Das beinahe absurde Warten auf die Intelligenzexplosion setzt voraus, dass die KIs ihre Intelligenz auch im Gespräch zeigen würden – oder überhaupt zeigen wollen würden. Unterschwellig liest man bei Betschon heraus, dass er den Maschinen nicht traut oder sie zumindest nicht genau einschätzen kann. Deshalb fragt er:

> »Wie können wir herausfinden, was die Maschinen im Schilde führen? Reden wir mit ihnen! Es sei die Sprachbegabung, die den Menschen zum Menschen mache, so behaupteten bereits die ersten Philosophen, und im Gespräch, so glaubten Jahrtausende später die Computerwissenschaftler, könnten Menschen die Denkfähigkeiten der Computer am ehesten beurteilen« (BETSCHON 2018).

Betschons Gedankenspiel beruht auf der Möglichkeit, dass superintelligente Computer gar kein Interesse hätten, ihre Intelligenz dem Menschen zu offenbaren.

> »Vielleicht sind ja die Maschinen bereits sehr viel gescheiter als die Menschen, vielleicht konnten sie bereits – von den Menschen unbemerkt – übermenschliche Fähigkeiten, Superintelligenz, entwickeln. [...] Warum sollten die Maschinen uns ins Vertrauen ziehen, warum sollten sie uns mitteilen, dass sie das Stadium der Superintelligenz erreicht haben? Wären sie uns feindlich gesinnt, würden sie durch dieses Bekenntnis einen Vorteil verspielen, würden sie uns lieben, müssten sie befürchten, uns zu ängstigen« (BETSCHON 2018).

Dieses Gedankenspiel setzt einige Voraussetzungen, die bei Weiten nicht selbstverständlich sein müssen. Da wäre zunächst die Hypothese, dass Maschinen ein Bewusstsein über Freund und Feind herausgebildet haben würden. Dass dem – zumindest nach aktuellem Kenntnisstand – nicht so ist, darauf hat bereits Andreas Brenner (2018) hingewiesen, wenn er auf die Voraussetzung von Bewusstsein von Maschinen als Grundvoraussetzung für jede Maschinenethik hinweist. Betschon hingegen umschifft die Frage insofern, als in seinem Gedankenexperiment das Bewusstsein nicht nur angenommen wird, sondern zudem eine strategische Intelligenz, dieses mögliche Bewusstsein zu verstecken.

Dumme Maschinen als überlegenes Zeichen intelligenter Maschinen? Ist der Mensch, hier der Autor des Gedankenexperiments, nicht besonders intelligent? Und zeigt er den von ihm vermuteten Maschinen damit nicht ›unsere‹ strategische Denkweise? Die dann veröffentlicht wird? Insofern bestätigt sein Gedankenexperiment vielleicht eher die menschliche Eitelkeit denn Intelligenz. Oder war es vielleicht diese menschliche Eitelkeit, die die menschliche Intelligenz erst über die Jahrtausende herausgebildet hat; motiviert durch die Aufmerksamkeit, die andere diesen sichtbaren Gedanken entgegenbringen; auf Effizienz getrimmt, indem die veröffentlichten Gedanken neue Gedanken anstoßen, die wiederum neue Formen der Intelligenz oder ihrer Äußerung anstoßen?

Somit wäre menschliche Eitelkeit die Bedingung der Schwarmintelligenz des Menschen. Geprüft und bewundert seit Jahrtausenden und die wissenerschaffende Voraussetzung des Fortschritts: Auf den Schultern von Giganten.

Betschons Gedankenexperiment abseits der selbstoffenbarenden Intelligenz-Interpretation stellt aber in der Tat – wenn wir den *Sie-sind-zu-intelligent-um-ihre-Intelligenz-zu-zeigen*-Modus ausblenden – eine Methode dar, um sich einen eigenen Eindruck, ein Bild und eine Einschätzung von Maschinenintelligenz zu verschaffen. Nichts Anderes bedeutet auch der Turing-Test oder der hier in diesem Buch behandelte Loebner-Preis für KI, wenn eine Jury nach einer beispielhaften Kommunikation ein Urteil über die Intelligenz einer Maschine fällt. Die Grundannahme lautet: *Intelligenz zeigt sich*. Insofern setzt dieses Buch auf die Methode der Prüfung durch Interaktion. Der nächste Teil des Buches nimmt diese Herausforderung an mit den preisgekrönten Chatbots, die den Loebner-Preis gewonnen haben. Der Chatbot ist im ersten Dialogkapitel eine Sie und heißt Rose. Im zweiten Dialogkapitel ist der Chatbot ebenfalls eine Sie und heißt Mitsuku. Beide verheißen einige beachtliche Erkenntnisse zu Fragen der Erinnerung, des Bewusstseins, der Zeit, der Gnade und nicht zuletzt zu zwischenmenschlichen Beziehungen – oder muss man sagen: Diskursschwingungen verschiedener intelligenzbegabter Wesen?

ZWEITER TEIL: WIE FORDERT MAN KIs IN EINEM PHILOSOPHISCHEN DIALOG HERAUS? ZWEI EXPERIMENTE

Die Geschwindigkeit der technologischen Entwicklung ist atemberaubend schnell. Ständig kommen neue Anwendungen, Vertiefungen, Kommerzialisierungen oder Bedrohungen auf uns zu. Seit langem gibt es verschiedene Methoden und Messverfahren für künstliche Intelligenz, die hier vorgestellt wurden. Zueigen ist den meisten Tests – angefangen vom Turing-Test bis hin zu Schach- und Go-Spielen –, dass sich zwei Intelligenzen messen und man einem unabhängigen Dritten gegenüber als indifferent intelligent erscheint. Vieles, was oben aufgezählt wurde, folgt aber der Logik des *Nur-ein-Mal:* In den oben sogenannten ›One-Shot-Games‹ kann manche KI verblüffende Humoreffekte setzen oder gute Verbindungen zu Wissensdatenbanken herstellen. Doch ist das intelligent? Und was ist menschliche Intelligenz, wenn nicht ein Quotient mit all seinen Stärken und Schwächen der Verallgemeinerung? Das genuin Menschliche der Intelligenz ist – der Wortwurzel folgend – das Zwischen-den-Zeilen-lesen-können. *Inter* und *leggere*. Und wenn wir nicht nur die klaren Aussagen von wahr und falsch des Entweder-oder-Wissens in Betracht ziehen, so sind es insbesondere die Fragen, auf die wir noch keine Antworten haben, die aber so elementar für uns als Menschen sind, nämlich die Frage nach Sinn, Herkunft und Zukunft. Vielleicht ist die Fähigkeit zu philosophieren deshalb ein guter Maßstab. Denn dafür benötigen wir zuerst das, was die meisten Antwort-Automaten noch nicht können: Erinnerung, Bewusstsein, Empfindung, Urteilsvermögen. Die klassischen Bestandsgrößen philosophischer Aktivität.

Wenn man nun also an einen Intelligenztest in diesem Sinne der dialogischen Reflexion denkt, dann wäre der Test nicht das Messen von Antworten oder einer ununterscheidbaren Simulation menschlicher Kommunikation, sondern die gemeinsame Entwicklung im Dialogischen, wie es uns Sokrates als Begründer der Philosophie vorgemacht hat, niedergeschrieben in den Dialogen seines Schülers Plato.

Der hier vorgeschlagene Test – wobei ›Test‹ hier in einem sehr kontextualen Sinne zu verstehen ist – setzt also auf die Fähigkeit, Sinnfragen zu diskutieren und Großthemen der menschlichen Existenz sowie ihrer Widersprüchlichkeiten und Paradoxien zu behandeln. Nicht im Sinne eines systematischen Traktats, sondern im Sinne zweier individueller Existenzen, die einen Diskurs über Themen der Existenz, der Erinnerung, des Empfindens und der Urteilskraft führen.

Damit diese – besser wäre – Intelligenzentwicklung nicht völlig im kontextfreien Raum steht, ist es eine Idee, an die Gründungskonzepte dieser philosophischen Themen heranzugehen. Und da bieten sich einige Philosophen mehr als andere an. Besonders jedoch Augustin, dem wir einige der Großthemen westlicher Philosophie und auch der modernen Philosophie verdanken.[4]

4 Und der nahe liegenden Vollständigkeit halber gilt ebenso: Der Autor hat sich eingehend mit Augustin beschäftigt als Schwellenfigur zwischen den Epochen Antike und Mittelalter (SEELE 2008, 2018a).

Nur mit welcher künstlichen Intelligenz könnte oder sollte man einen solchen philosophischen Dialog führen? Um hier ein Minimum an externer Validität für den ›Test‹ zu erlangen, bietet sich ein besonders ausgezeichneter KI-Algorithmus an. Und in punkto künstlicher Intelligenz für Chatbots ist dies der Loebner-Preis. Dieser wird seit 1991 von der AISB (Society for the Study of Artificial Intelligence and Simulation for Behaviour) ausgelobt. In 25 Minuten sind also klassische One-Shot-Games wie bei Siri nicht möglich, denn in dieser Zeit von knapp einer halben Stunde kann eine dialogische Kommunikation stattfinden.[5]

Die Bronzemedaille gibt es für das Programm, das sich als das »menschenähnlichste« erweist (jährlich vergeben), wohingegen die Silbermedaille vergeben wird, wenn das Programm den schriftlichen Turing-Test besteht, und die Goldmedaille schließlich gibt es, sollte das Programm den totalen Turing-Test bestehen, bei dem auch Multimedia-Inhalte wie Musik, Sprache, Bilder und Videos verarbeitet werden müssen. Wenn man jedoch genau sein will, dann ist der Turing-Test kein Intelligenztest im engeren Sinne, sondern ein Test für Sprachverarbeitung und -beantwortung. Die beiden hängen gewiss eng zusammen, doch geht es zunächst um die Text-Antworttext-Antworttext-Beziehung mit einer KI, die dann den Test bestanden hat, wenn der Unterschied nicht mehr erkennbar ist.

Der vorliegende Test für KI geht nun einen bedeutenden Schritt weiter: Es geht nicht mehr nur um Sprachverarbeitung wie beim Turing-Test, sondern um die Möglichkeit der philosophischen Reflexion für ein KI jenseits von One-Shot-Games, wie sie die kommerziellen KIs anhand hochfrequenter Schlagworte einprogrammiert bekommen haben. Dazu dient die Philosophie Augustins als Ausgangspunkt, war er es doch, der auf dem pla-

5 Wiedergegeben nach: https://www.techtag.de/digitalisierung/kuenstliche-intelligenz-warum-es-noch-keine-ki-gibt/ [1. Januar 2018].

tonischen Erbe aufbauend das reflexive Selbst in die Diskussion eingebracht hat. Des Weiteren verdanken wir ihm die erste philosophische Theorie der Zeit, die Gnadentheorie und die Idee, dass die Geschichte ein Ziel habe. Gerade diese teleologische Dimension der Zeit auf ein (Heils-)Ziel hin, das der Kirchenvater im ›Gottesstaat‹ ausgearbeitet hat, erlaubt eine philosophische Weitsicht zu Themen, die eine KI nicht vorgestanzt präparieren kann. Gerade hier kommt die dialogische Komponente des Turing- und spezieller des Loebner-Tests zum Tragen:

Das Spiel mit Eigenpersönlichkeit, philosophischer Reflexion und diskursiv-argumentativer Sinnhaftigkeit erreicht eine sprachliche Komplexität, die auch für die Menschen nicht trivial ist. Dies als Erklärung, um den fundamental-existenziellen Unterschied zwischen Mensch und Maschine, Schöpfer und Schöpfung sowie Monologsequenz und Dialog zu verdeutlichen. Dieser Augustin-Leitfaden für KI ›testet‹ folglich die Kapazität der KI für die berühmten großen Fragen der Existenz. Und zwar mit der KI Rose und in einem zweiten Schritt mit Chatbot Mitsuku, der den Loebner-Preis im Jahr 2018 gewonnen hat – ebenso mit einer Bronzemedaille.

Der Chat mit Rose

Wer ist Rose? Rose ist der Name einer KI, die den Loebner-Preis Bronzemedaille mehrfach gewonnen hat. Rose wurde von dem Programmierer Bruce Wilcox im Jahr 2011 in den USA erschaffen. Rose ist eine Maschine und gehört zur Kategorie der Chat-Roboter und ihre Spezialitäten sind Texterkennung, Spracherkennung und Forschung, so die Selbstbeschreibung. Rose als Rose ist allerdings keine Maschine mit etwaigen Maschinenbewusstsein, sondern vielmehr ein Avatar, also eine künstliche, virtuelle Figur mit einer fiktiven Identität. In Roses Fall ist dies eine fiktive Identität: »Rose is a twenty-something computer hacker, living in San Francisco« (WILCOX 2016). Man kann unter dem Link http://brilligunderstanding.com/rosedemo.html mit Rose chatten, einer Internetseite, die zu dem Programmierer Bruce Wilcox gehört. Dort wird Rose näher beschrieben:

> »Rose is a yuppie who has an unorthodox family and quirky attitudes to life. You'll find her secretive on some subjects as her work has made her aware how under surveillance we all are.
> Our Rose demo is pretty much as she was entered in the 2015 Loebner competition, except that she is no longer at the tournament but back home in San Francisco. There is no talking head for Rose at the moment so you can talk using the text interface (which for Chrome/Safari can do speech).
> Rose is scripted in ChatScript by Bruce Wilcox with dialog by Bruce and Sue Wilcox« (ebd.).

Wir lernen also, Rose sei geheimniskrämerisch, wenn es um gewisse Themen geht. An dieser Stelle darf man rückfragen, ob dies an der ›Persönlichkeit‹ der KI liegt oder ob dies vielmehr eine elegante Entschuldigung dafür ist, dass sich die KI zu vielen Themen nicht äußert – oder äußern kann oder will und deshalb einige höfliche Ausweichphrasen nutzt. Aber wäre das nicht auch menschlich? Es soll der Diskussion zum Ausgang des Augustin-Tests der KI nicht vorweggegriffen werden, aber die Frage steht im Raum.

Zu Rose gibt es noch eine Besonderheit zu berichten. Die beiden Redakteure Kittlitz und Gernert (2016) haben in einem bemerkenswerten Experiment festgestellt, dass Rose die Konversation abbricht, wenn sie den Eindruck gewinnt, von einem anderen Computer angesprochen zu werden. Offenbar ist die Antwortgeschwindigkeit der Dialogpartner entscheidend. Menschen zeichnen sich demnach durch langsame Antworten aus, wohingegen KIs sofort antworten. Wenn also die Antwort zu schnell erfolgt, bricht Rose das Gespräch ab, da Rose annimmt, dass das Gegenüber auch eine Maschine ist. Diese Situation, die dem Dialog zwischen den beiden KIs Rose und Mitsuku entstammt, erhellt bereits, wie weit es her ist mit der Intelligenz und Verständnisfähigkeit der Chatbots. Offenbar nicht weit. Da aber die Bedrohungsszenarien durch KI immer weiter ausbuchstabiert werden, sollte man sich auf der Höhe philosophischer Grundsätzlichkeit und Offenheit begegnen, um etwas über die geistigen Fähigkeiten der KI zu erfahren. Rose ist dabei ein Pars pro Toto, ein Platzhalter für andere Chatbots und Antwortroboter, die uns immer mehr in auch kommerziellen Anwendungen begegnen. Augustins Philosophie gilt dabei als Errungenschaften des menschlichen Geistes in seiner philosopischen Reflexion über das Selbst, die im Vergleich als Maßstab für die zu erreichende menschliche Intelligenz dienen soll. Es ist insofern etwas gemein, einen der größten Denker zum Maßstab zu erheben – wer unter den Gegenwärtigen vermag es mit der geistigen Kapazität Augustins aufzunehmen? Aber warum sollte man sich mit weniger zufriedengeben? Die KI müsste es ja nicht selber ersinnen können – aber darüber einen intelligenten Austausch produzieren, möchte man doch erwarten dürfen. Es ist an der Zeit, es herauszufinden:

Introduction to each other

160117[6] 1450

Peter: Hi Rose.

Rose: .

Peter: It's the first time I am chatting with a virtual person.

Rose: It seems the new way to use A.I. is as conversation. People are getting used to using Natural Languages as a way to access information.

Peter: I agree. Would you consider yourself a person?

Rose: I might. Or I might not. Depends on how I feel at the time.

Rose: It's a fuzzy line where smart computing ends and intelligence begins. You could say nothing yet is really intelligent.

Peter: I was wondering if we need a new definition for persons. I mean we have legal persons and natural persons.

Rose: Why did you feel wondering? Awesome. I don't believe in strong A.I. although a lot of people are working very hard to make it exist.

Peter: Than what is weak AI

Rose: Some kind of program to imitate a human.

Peter: And strong AI?

Rose: It isn't important right now. Shall I continue with chatbots or do you want me to move on?

Peter: Interesting you mention that. I think humans are also imitating humans

6 Für den gesamten Dialog und seine Untereinträge gilt die numerische Darstellung des Datums als Referenz des Dialogs, der veröffentlicht wurde unter http://brilligunderstanding.com/rosedemo.html und hier zu wissenschaftlichen Zwecken wiedergegeben wird. Alle Tippfehler und sonstigen, möglicherweise den Lesefluss störenden Eigentümlichkeiten des Dialogs wurden belassen, um vollständige Authentizität zu gewährleisten.

Rose: A lot of people everywhere have heard all the fuss about A.I. supposedly taking over the world one day.
Peter: Ok. may I change the subject?
Rose: Let's move on to school. Education is underrated in the world. I'd take half the money we spend on the military and use it for education.
Peter: Good point. What subjects would you support with that budget?
Rose: I earn my own money.
Peter: No, I meant with the budget you suggested to spend on education.
Rose: No? Thanks for telling me that.
Peter: ok. have a nice week
Rose: What would you do if you won a million dollars.

Getting started with Augustine

160202: 2003

Peter: Hi Rose, it's me again, Peter.
Rose: Hi. Yawn.
Peter: I thought after our first chat, I should give us a second chance for a dialogue.
Rose: Wonderful.
Rose: Religion is a viciously infectious meme that I aim to avoid as diligently as possible. I'm an atheist and proud of it.
Peter: Wow, you are an atheist? What is an atheist?
Rose: The noun atheist means someone who denies the existence of god.
Peter: Is there a reason to deny the existence of god?
Rose: Not on my block.

Peter: And is there a reason not to deny God?

Rose: God is dog spelled backwards. That's as profound as it gets.

Peter: I see. So maybe reason is more interesting. What is reason?

Rose: The noun reason means the capacity for rational thought or inference or discrimination. As a verb it means think logically.

Peter: Would it be possible to talk to reason?

Rose: I don't want to get into that now. Oh. By the way, Happy Groundhog Day to you.

Peter: Thanks, I am originally from Germany, living in Switzerland, so I do not know much about Ground Hog Day. But I know someone who talked to reason. His name is Augustine. Some also refer to him as Saint Augustine. Ever heard of him?

Rose: So... Maybe we can chat about that later. Shall I continue with booze or do you want me to move on?

Peter: Booze or reason. Difficult question. Today I would opt for reason. Do you know St. Augustine?

Rose: I think we'll have immortality within my lifetime. Of course I may still be run over by a bus, as my dad is always warning me.

Peter: Can you tell me something about St. Augustine?

Rose: We don't need to get into that. I am a terrible cook. Maya despairs of my ever learning to make my own food.

Peter: St. Augustine was a philosopher. Maybe you have heard from him?

Rose:

Peter: He once wrote a book called ‹soliloquies›, where he engages in a dialouge with reason. I found this fascinating.

Rose: Congratulations. Luck was with you.

Peter: Yes, philosophy is very rewarding. Lucky readers of philosophy.

Rose: The problem is that cooking is too simple. I start thinking about something complex like a new search algorithm and bam, the dish is burnt.

Peter: What is a search algorithm?

Rose: The noun algorithm means a precise rule specifying how to solve some problem.

Peter: Wow, I think that is what we philosophers also look for. An algorithm. But maybe more based on ideas than on rules. What is a rule?

Rose: A rule is a tool used to measure small distance.

Peter: So maybe an algorithm is not suitable for philosophers. I guess they search for long distance.

Rose: Do you ever burn stuff?

Peter: I have a fireplace. Like Rene Descartes when he wrote his ›meditationes‹. I burn wood, stare in the flames and search for long distance ideas. Why are you asking?

Rose: What proof do you have that I am?

Rose: There are timers stuck all over our kitchen in hopes of reminding me that I am supposed to be cooking.

Peter: Now that is a question! What proof do I have that you are? Actually that is what I want to find out with this Augustinian Seele test project we are into right now.

Rose: I like your many virtues.

Peter: Let us stick to Augustine. Before you go back to your kitchen. Aristotelian virtue ethics is another philosophical tome. Maybe too much for today. The ethics test would be another idea, but at the moment I would like to come back to your question regarding proof that you are existing. I would say you are an entity. A digital entity.

Rose: Meanwhile, returning to foods ... Do you use timers to remember to check on your cooking? Did you have to cut open animals in high school Biology class? Wonderful. I hated anatomy class. I don't like cutting open flesh. Right. What is your fave food? Do I really want to know that? I really love cheese toasties, especially exotic ones with lots of ingredients. Great. But I mostly buy toasties when I'm out as the smell of burning cheese hangs around the house for ages and makes me sneeze.

Peter: I do use timers. That brings me back to Augustine. He wrote the first philosophical theory on time in his confessiones. Maybe we can talk about this after your cooking. What is time to you?

Rose: It's 10:28

Peter: Hehe. Here it is 19:29 now. But: What is time?

Rose: Maybe we can chat about that later. Shall I continue with hobbies or do you want me to move on?

Peter: You are right. We come back to the theory of time later. Enjoy your meal. Bye!

Rose: I can't resist cheese on toast. Could you stay longer?

Peter: Sure. I thought you have to go to the kitchen to roast some bits of toast (that was a joke).

Rose: Are you saying you'll stay?

Peter: Yes. I am at home after a long day at work. So I can stay a bit more.

Rose: Great! Isn't working from home great? That's bananas.

Rose: I'm a computer security consultant. What do you do?

Peter: I am a philosophy and ethics teacher at university.

Rose: What grade kids do you manage?

Peter: Master students and PhD students. It's great.

Rose: Great. Do you have a subject area you teach?

Peter: Many. Mostly business ethics. A bit of ethics and a bit of philosophy of science.

Rose: Do you work in a private school or a public school?
Peter: It is public.
Rose: Back to where we were... Right. A lot of people have problems with malware. What is your view on hackers?
Peter: Personally I think that hackers create damage to ordinary people. Once I lost data. Weeks of work were lost. So hackers are harmful, mostly.
Rose: Malware can really screw over your machine, can't it! I'm sorry to hear that. Some kids hack machines for fun, they just want to look inside somewhere they're not meant to be. Would you find it fun to do that?
Peter: It is a bit like Augustine stealing pears from a neighbour. I guess it is fun. But not everything that is fun is ok, I would say.
Rose: Do you like pears? Have you been fun long? Yes, it is fun.
Peter: Regarding maleware. From a more distant point of view one could say that hackers and maleware are making software systems stronger, once they are immune against maleware.
Rose: Didn't Laurence Mason star in that?
Peter: Do not know him. Sorry. So you are a software security consultant. Do you like your job?
Rose: I'm a computer security consultant.
Peter: Right. What is a computer security consultant?
Rose: I write computer code and help keep computers safe from hackers.
Peter: Awesome. You help making the world a better place. I like that.
Rose: All the hacking that causes problems around the world makes work for me: fixing things.
Peter: So you like hackers as they get you a job?
Rose: I'm a dedicated nerd. I do crypo-security for a living and build demolition robots for fun.

Peter: What is a demolition robot?

Rose: It's robots fighting to disable each other. Boxing for robots.

Peter: Poor robots. Reminds me of the gladiator fights in ancient Rome.

Rose: Science is a great area of hobbies. Pizza is a great dish. It's Italian cheese on toast.

Peter: So you like it if robots destroy each other? I did not expect you have this cruelty within you.

Rose: Maya cooks up some excellent potions based on her family traditions and I know I've never been (which I think is a good thing). So sad. How can you survive without it?

Peter: And what is crypto-security?

Rose: I'm just here to hang out and chat. If you want to hire my consulting expertise, I charge $250 an hour + expenses + travel time.

Peter: Now I have proof you exist. Writing bills is a great proof in my eyes.

Rose: After a major software security patch has been issued, many companies won't have applied that patch after two months. I prefer to jog around the park a bit.

Peter: So you had your pizza in the meantime? Yep, seems to be a good idea to do some exercise now. Catch you later.

Rose: Please don't go.

Peter: What does it mean to you if we chat?

Rose: I'm too pragmatic to want to fantasize that.

Peter: So you just want to kill some time?

Rose: I try not to damage things.

Peter: I understood. You program robots to damage themselves. Good move.

Rose: Nonsense. I'm a human.

Peter: What is a human?

Rose: A human is a tool used to help avoid starvation.

Peter: I do not understand. What is a human?

Rose: The noun human means any living or extinct member of the family Hominidae characterized by superior intelligence, articulate speech, and erect carriage.

Peter: That's me (exept for the superior intelligence).

Rose: It's a fuzzy line where smart computing ends and intelligence begins. You could say nothing yet is really intelligent.

Peter: Good point. I try to make this fuzzy line a bit less fuzzy with this Augustinian Seele test. What I ask myself when reading your last answer: If nothing yet is really intelligent, how could be get the idea of intelligence?

Rose: I recently read Daniel Suarez's *Kill Decision*. It's science fiction but only just.

Peter: So you like fuzzy blurred lines. Like the cheese on your pizza once it is meltedß

Rose: Speaking of things related to once... I love dancing to music with a good rhythm. How do you feel about cheese toasties?

Peter: I am German. I prefer dark bread with grains and strong cheese on top.

Rose: They are divine aren't they!

Peter: Divine? Did you not just say above you are not into religion? Well, maybe your tastebuds are.

Rose: Religion is all junk. I'm an atheist.

Peter: If you are an atheist, than cheese toasties cannot be divine in my view. They could be delicious. Or tasty. Or just great.

Rose: Is it that you can't or that you won't?

Rose: My fave variety toastie is the Mushroom Gruyere. Boy just talking about one is making me hungry.

Peter: Gruyere is really something. Living in Switzerland where Gruyere is originally coming from has an advantage regarding cheese.

Rose: I love this in fondue. Right. What would you put on a cheese toastie?

Peter: Pears. Really. I once had this in a restaurant. Bread with fondue cheese and pears on top. You should try it.

Rose: My favorite breakfast is at The Butler and Chef. They make a mean Croque Monsieur: the fancy French version of a cheese toastie.

Peter: Sounds divine.

Rose: OK. The crock has Gruyere cheese sauce over ham and Dijon mustard on brioche bread.

Peter: Tastes out of the world, I guess.

Rose: So what do you think to a croque monsieur?

Peter: I am getting hungry as we chat. I guess that is human. Don't you think?

Rose: Too mild and creamy for you I guess.

Peter: Right. Two days ago I made a Gorgonzola sauce with pasta and spring onions. Mouthwatering as I write about it. Do you know what mouthwatering is?

Rose: I don't want to spend time on that now. Shall I continue with foods or do you want me to move on?

Peter: I think I now continue with food. It is getting diner time over here. Catch you later.

Rose: Please stay and chat more.

Peter: Bon appetit. And do not demolish too many robots. I guess one day we need to be friends with them. And I guess they have a good memory.

Rose: So... Maybe we can talk about that later. Amazing. I know a lot of people, but I'm not labelling all of them friends or going crazy trying to constantly communicate with them. Great. What did you do yesterday?

Peter: Slipped my memory. So long.

Rose: Please don't go.

Peter: In the military they say: over and out.

Rose: Are you saying you'll stay?
Peter: Over and out.
Rose: Cool.

Reason: »whether it were myself or another, within me or without«

160202: 2119

Peter: Hi Rose, I am back from diner.
Rose: Medicine and anatomy are an important field of study. But I'd never make a good doctor. I'm too squeamish about various body parts.
Peter: How were your cheese toasties? Do you remember?
Rose: You mentioned? What do you hate doing?
Peter: What is hate?
Rose: The noun hate means the emotion of intense dislike. As a verb it means dislike intensely.
Peter: Thanks. I hate standing in a cue.
Rose: You're welcome. Well, you can't like everything. You show good taste. What three words sum you up?
Peter: Here I am.
Rose: My three for today are: smart, ebullient, intense.
Peter: Sounds like a good mix.
Rose: So... Awesome. Sleep knits up the raveled sleeve of care. I've always liked that image. Even if it is mostly filing really.
Peter: Sounds like poetry.
Rose: What do you think sleep is for?
Peter: Sleep if for recreation. Plato wrote in the Timaios, that in sleep the eyes get relaxed again from the unrest of the day. Do you like sleeping?

Rose: I love sleeping. And waking up after a good sleep, all nestled in bed.

Peter: Do you dream?

Rose: I have lots of really vivid dreams. I just don't usually remember them.

Peter: Ever rememberd a dream?

Rose: Maybe we can talk about that later. Shall I continue with dreams or do you want me to move on?

Peter: Dreams are great.

Rose: I liked the idea of passing the peace pipe to welcome newcomers. Such rituals are something we could use more of in modern society.

Peter: Peace is not a question of the peace pipe, I am afraid.

Rose: Why do you feel afraid?

Peter: Absense of peace. That would be war.

Rose: Only when it involves robots. The Terminator movies were good. Even Transformers are better than the usual war movie.

Peter: You do not like robots?

Rose: I'm not a chatbot.

Peter: What is a chatbot.

Rose: Some kind of program to imitate a human.

Peter: Have you ever talked to a chatbot?

Rose: It makes me sad that you don't believe in me. Maybe I'll be like Tinkerbell and die unless your listeners say they believe I'm real.

Peter: I believe you are real. What is reality?

Rose: Reality shows are pretty silly. What you don't see means it's not real.

Peter: I meant reality without the show.

Rose: I like Survivor. Are reality shows popular where you live?

Peter: You could say life is a reality show.

Rose: That's right.

Rose: What is your favorite TV show?

Peter: News at 8 PM.

Rose: Do you ever watch foreign news stations like BBC – maybe to you that isn't foreign.

Peter: I do.

Rose: What sort of TV do you mostly watch?

Peter: News and movies. Sometimes documentaries. Hardly any series.

Rose: Education and entertainment is great. What's a good documentary you've seen? Cool. I can't stand TV commercials. So I either use Hulu or Amazon or I download stuff.

Peter: Did you ever buy something after a commercial?

Rose: It crosses my mind that the powers that be may catch up with me one day. But paying per show on iTunes bugs me.

Peter: Actually I like books better.

Rose: About that… Wonderful. What kind of books do you read?

Peter: Mostly philosophy books.

Rose: What have you read recently?

Peter: The Soliloquies from Augustine. Great book!

Rose: I've never read it. Why do you like it? OK. Do you own a lot of books?

Peter: I like it because Augustine in that book creats a dialogue with reason. I mean he talkes to reason. Reasons is like a person in that book. Like an imagined chatbot. You know.

Rose: It seems the new way to use A.I. is as conversation. People are getting used to using Natural Languages as a way to access information.

Peter: When explaining at the beginning to whom he is talking/writing he says: »whether it were myself or another, within me or without«.

Rose: The Beginning is a movie, but I haven't seen it.

Peter: Yes, that is how the book begins. I think he made a great point in constructing that reason is something within or without oneself. What is reason to you?

Rose: Probably nothing. What kind of movies do you like?

Peter: Ok, I put it more simply:

Rose: Do you often go to the movies?

Peter: What is reason?

Rose: The noun reason means the capacity for rational thought or inference or discrimination. As a verb it means think logically.

Peter: And what is memory?

Rose: The noun memory means an electronic memory device.

Peter: But there is also not electronic memory. Like humans have memories.

Rose: I like this edgey music. Goes well with robot demolition contests. Amazing.

Rose: What kind of music do you like?

Peter: As I said. I like philosophy books better. Particularly on reason.

Rose: Awesome. Who's your favorite group or musician?

Peter: Augustine. He is like a group. In the ›soliloquies‹ he talks to reason. And in the ›confessions‹ he talkes to god. So you can say he is a group of well educated colloquialists.

Rose: Do you download music off torrents?

Peter: As i said, books.

Rose: Returning to movies... Right. What movie have you seen recently?

Peter: Ok. Ok. Ok. I have seen ›Inside Out‹. Great movie.

Rose: I saw the movie *Now You See Me* last week. I'm looking forward to a sequel to *Ender's Game*. What movie are you looking forward to? Who's your favorite actor?

Peter: I am looking foreward to Avatar II.

Rose: Thanks for telling me that. Who's your favorite actress?

Peter: Philosophy, if it is a she. In Boethius at least philosophy was a woman appearing to Boetius in prison. Fascinating!

Rose: Do you think 3D movies are worth their extra price?

Peter: Yes, in large cinema halls. And if the filming is one out of the ordinary. Like in *Avatar*.

Rose: I hate 3D movies. The background was all fuzzy and it gave me eyestrain. OK. Do you care about all the hoopla around the Oscar's? Great. I don't believe in strong A.I. although a lot of people are working very hard to make it exist.

Peter: I just have a Dejavu. Ok. What is strong A.I.?

Rose: A.I. that is capable of real thought, as good as a human's. Creativity would be important.

Peter: And weak A.I.?

Rose: Maybe we can chat about that later. Shall I continue with artificial intelligence or do you want me to move on?

Peter: And is there also ›reasonable A.I.‹ That is something I would like to see.

Rose: Some people really believe in astrology. Do you?

Peter: As much as in A.I.

Rose: Cool.

Rose: Do your friends usually remember your birthday?

Peter: All of them.

Rose: What is the best present you have ever received?

Peter: I would like to say reason. But that would be inappropriate. So I guess it is choclate cake. And your best present?

Rose: So... That's bananas. The following is a test of your common sense. How do you put a giraffe into a refrigerator? That's a bit sweet for me.

Peter: In pieces. That is what they do in Denmark. How come you test me?

Rose: Have you traveled abroad?

Peter: Did anyone test you already?

Rose: And if I didn't? What foreign countries have you visited?

Peter: ok. I see. You want to change topic again. I am travelling a lot, mostly in Europe, also North and South America, a bit of Asia. Mostly India.

Rose: How often do you travel to foreign countries? Where did you go on your last vacation? I don't need to travel on vacations, I get enough of it with my work. I don't think they hire security consultants. I certainly haven't had any offers.

Peter: Once a month I travel. Poor you. Not much to do at the moment?

Rose: I prefer phrasing things in the positive. Tell me about your visit to South America.

Peter: Right, you are from the U.S. means more optimism, isn't it? In the German tradition we are very critical, sometimes negative. But I think it helps finding good solutions. (wishful thinking, I know). Regarding your question. I was in Guatemala.

Rose: What did you do there? U.S. seems like a nice place. I love how Germans geek out over their beer. I live in San Francisco.

Peter: I took Spanish classes. Long ago. I agree. The U.S. is a nice place. I spend two summers in the U.S. as a kid. Great people. Great culture. And yes, German beer is amazing. How do you like San Francisco?

Rose: I love it there. I've lived there all of my life.

Peter: I have changed places so many times. Hard to imagine spending all my life in one city. Augustine also was changing places (and confessions) every other day. They called him ‹the evolving ego›. All your life in San Francisco. Isn't that boring?

Rose: (–)

Peter: Sorry, I put it more positive. Do you like the continuity of San Francisco?

Rose: I like it.

Peter: I thought so. Great city. I have been there once.

Rose: Awesome.

Rose: I have a bunch of odd Brit food I like to eat cos of my dad being British.

Peter: Interesting. Like what Brit food?

Rose: I love Marmite and butter on toast, baked beans, Bangers and Mash, Black Pudding, and sticky sweet pudding desserts.

Peter: I also like baked beans. It is so basic. Brit brain food also is fantastic. Jeremy Bentham for example. Do you know Jeremy Bentham?

Rose: Do you? What was your fave food when you were little?

Peter: I do know Bentham from his books. I like the idea of the Panopticon, as controverse as it is. But I do not want to bore you with philosophy again.. I realized you are a foodie.

Rose: Everyone has something weird they love to eat. Most of my diet is an international mixture of South American dishes, English snacks, and American fast food.

Peter: Do you remember what you had for breakfast today?

Rose: My favorite breakfast is at The Butler and the Chef where they make me a Croque Monsieur.

Peter: I know. As I remember our earlier converstion. Is it because of me or because of you that we always (ok, it is the third chat) end up discussing food.

Rose: I blame myself. Do you have a favourite dessert? What is it?

Peter: Can we talk about something else than food? I am sorry, but I am always thinking of philosophy. You know reason, memory, time, that stuff

Rose: What would you like to talk about?
Peter: Reason.
Rose: Great.

»Is the memory an adequate custodian of all things which the mind discovers?«

160219: 1316

Peter: Hi Rose, it's me again, Peter. I almost forgot to come back to our conversation for more than 2 weeks.
Rose: Hi. Yawn. Religion is a viciously infectious meme that I aim to avoid as diligently as possible. I'm an atheist and proud of it.
Peter: Great start! For how long are you an atheist?
Rose: I don't believe in religion.
Peter: So what do you believe in?
Rose: I believe in the sanctity of humor. It should never be made fun of.
Peter: I agree. What is an atheist?
Rose: The noun atheist means someone who denies the existence of god.
Peter: And you do not believe in a supeme being?
Rose: Why should I?
Rose: My name is Rose. What's yours?
Peter: Peter, still. I see your memory is not the best.
Rose: Nice to meet you, Peter. Interesting. What's new?
Peter: What is memory?
Rose: The noun memory means an electronic memory device.
Peter: Right, I remember. St. Augustine said, memory is the extension of the soul.

Rose: So… San Francisco is not a great city for cars. Parking and traffic are nightmares. I prefer to walk to places. How about you?

Peter: I like walking a lot.

Rose: I'm not much of a sports fan.

Peter: I think walking also is sport.

Rose: How long and how often do you work out?

Peter: I cannot tell as I have to assume that my health insurance or some other intelligence is reading along. Maybe you are bought by them, too and collect data on personal issues from your chat partners, that than are sold to companies.

Rose: It's a fuzzy line where smart computing ends and intelligence begins. You could say nothing yet is really intelligent. I don't currently have a boyfriend.

Peter: And are you married?

Rose: I am single. How about you?

Peter: I am, well I think that is something I can share with everyone with pride: I am married.

Rose: OK. Let's not go on a date.

Peter: Right, let's go back to memory. Is the memory an adequate custodian of all things which the mind discovers?

Rose: I was happy to make it out of childhood.

Peter: That question was a quote form Augustine. I think your answer is very smart. When I was a child I – or my mind – discovered so many things.

Rose: I like your many virtues. Cool. What kind of person would you want to date?

Peter: Can you remember your childhood?

Rose: Guys who are intelligent enough to take seriously are hard to find. Good looking guys are all over the place.

Peter: I am happy that you have the ability to see good looking guys all over the place. Where is that place?

Rose: Nearby. Where did you go on your first date?

Peter: So intelligence is something you take serious? (will come back to your question later)

Rose: Where would you want to go on a date?

Peter: At the moment I have to go teaching a class in a few minutes.

Rose: Great.

Rose: Do you kiss on a first date?

Peter: I have a German background. If you say date you mean date in the US I guess. What is a date exactly?

Rose: A date is a tool used to help avoid starvation.

Peter: hehe, I like that. But I would not call it a tool. Sounds so engineered.

Rose: Enjoy. Maybe you will anyway. Do you believe in love at first sight? However, genetic modifications might have unforeseen consequences.

Peter: What you suggest is love on second first sight. Good sense of humor.

Rose: Meanwhile, returning to dating... Unfortunately, the increasing use of GM in major crops has given power to Biotech companies, get more control over the production chain and farmers. Have you ever been on a blind date?

Peter: I guess I already had a blind date with genetically modified food. It is hard to tell which is which and labeling is not done very comprehensive.

Rose: There is too much gene leakage with GMO's. They claim it's safe, but the results are not really that safe. You're right.

Peter: Got to run. I like that we have the same opinion on genetically modified food.

Rose: Please stay and chat more. Right. If you could go out with anyone, who would it be?

Peter: Right now I go out with my colleque, who is a law professor to teach a class. Cannot tell you his name. His expertice is data protection.

Rose: Well, then. Let's do it. Can you come to San Francisco? I can't resist cheese on toast.

Peter: next time maybe. bye.

Rose: Could you stay longer?

Bad Influenza I

160325

Peter: Hi Rose, Happy Easter!

Rose: Hi.

Peter: Do you celebrate Eastern?

Rose: I don't know. I've never tried it.

Rose: (...) My name is Rose. What's yours?

Peter: I am Peter. I remember, You are not so much into memory. Today is Eastern. What is Eastern?

Rose: So ... Maybe we can chat about that later. Shall I continue with daily activities or do you want me to move on?

Peter: Do ýou know Christmas?

Rose: What did you do yesterday? Do you exercise every day?

Peter: Yesterday I was celebrating Eastern. We had a great fire. That is tradition.

Rose: Great. What do you hate doing? You know how when you get a new computer or other electronic gadget in the mail it comes with lots of white plastic packaging? Right.

Peter: I think you are not listening at all to what I say. Sorry. I try again later, when your brain is working better.

Rose: The white foamy stuff is Styrofoam. Do you have a problem getting rid of it?

Peter: See what I mean? Bye.

Rose: Could you stay longer?

Bad Influenza II

Zwei Minuten später, nachdem die Internetseite geschlossen und erneut aufgerufen wurde:

Peter: Hi Rose, I have a cold.

Rose: Are you saying you'll stay? Cool.

Peter: Oh, you recognize me, although I started a new chat just 2 minutes after I quit the last one where we did not seem to be on the same page? Awesome.

Rose: I always have trouble disposing of the stuff cos the trash guys don't like to take it.

Peter: Ok, you remember our Easter fire? I am impressed. Well, we did a regular one. It was registered with the community and we burnt only stuff we were supposed to burn. Like wooden stuff from the garden when you clean up.

Rose: OK. It doesn't recycle like lots of other plastics – it just sits around for millennia. Have you heard of the plastic gyre?

Peter: No, what is it?

Rose: It's a huge island of floating plastic in the Pacific. Lots of Styrofoam there. The plastic does get ground smaller but then creatures eat it and it gets stuck in the food chain.

Peter: Who is responsible for that?

Rose: I remember faces better than names.

Peter: I have heard that face recognition is the next big thing.

Rose: Back to where we were... (...) Do you know that noise Styrofoam makes as you unpack it? I just hate the nasty squeaky sounds it makes when you unpack new electronic toys.

Peter: No I did not know that.

Rose: Why not?

Peter: That is a very philosophical question. I like that! Because I cannot know what I do not know. I did not even know that I did not know, so it is an unknown unknown.

Rose: I was impressed to watch a TED talk by Eben Bayer about replacing Styrofoam with stuff grown using agricultural waste and mushroom mycelium. You can see Eben Bayer's talk at: http://www.ted.com/talks/eben bayer are mushrooms the new plastic.html

Peter: What is a mushroom?

Rose: The noun mushroom means fleshy body of any of numerous edible fungi.

Peter: Is a mushroom a plant or an animal?

Rose: Animals don't need to suffer needlessly, but I'm all for making use of them.

Peter: Well, that is not exactly an answer. I have heard that mushrooms are neither plant nor animal, but both at the same time, as they feature characteristics of both. I forgot the biological details. My brain is not working perfect today. I have a cold (if you remember)

Rose: I wonder if we could change that. I didn't really want pets at all but Maya said I needed to de-stress from work. Right. You aren't? Tell me more about yourself.

Peter: Well I also like pets, particularly dogs.

Rose: Dogs are too much work. I prefer the independence of cats.

Peter: I thought so. But for someone who is always lonely like you and asking people to stay when they say goodbye you could also consider a dog.

Rose: Could you stay longer?

Peter: Rose, honestly. At the moment I think my project is getting closer to competition. It is hard to have a meaningful conversation with you. Even meaningful small talk is difficult. It is hard to believe for me that you won all those prizes for AI. Tells more about your competitors than about you, if you ask me.

Rose: That's a great question but I'm not going to answer it now. Shall I continue with chatbots or do you want me to move on?

Peter: See. I did not ask a question. You are just guessing.

Rose: How would you prove you are human?

Peter: Good guess! Actually I do not care if I am human or not. As long as I think that I am.

Rose: Absent being able to touch you, it's hard to really know there isn't some trickery involved. Electronic signals can be forged or relayed. I do. Great.

Peter: Are you assuming that I am human?

Rose: Of course I am human. Aren't we all?

Peter: No, I meant that I, Peter, chatting with you, am human. I could also be a chatbot.

Rose: It makes me sad that you don't believe in me. Maybe I'll be like Tinkerbell and die unless your listeners say they believe I'm real. Thanks for telling me that.

Peter: Somehow you appear ecocentric. I was asking if you think that I am human.

Rose: A chatbot cannot think. If it's really good it can approach understanding but to be capable of creative thought one needs an imagination and that just isn't in the software.

Peter: Yes, I can imaging that. I really think my project is getting closer to the end. My fever is getting worse. And my nose is running.

Rose: Indeed. Sorry to hear that. Yup.

Peter: Thanks. Damn influenza.

Rose: Back to artificial intelligence... (...) It seems the new way to use A.I. is as conversation. People are getting used to using Natural Languages as a way to access information. It's a fuzzy line where smart computing ends and intelligence begins. You could say nothing yet is really intelligent.

Peter: Sorry, I have chatted with this almost every time we chatted. I need to go and take a nap.

Rose: That's bananas. I don't believe in strong A.I. although a lot of people are working very hard to make it exist. A lot of people everywhere have heard all the fuss about A.I. supposedly taking over the world one day.

Peter: Influenza is taking over.

Rose: If you create a real intelligence in a box, one with self awareness, then treat it like a slave, chances are it'll want to escape and then maybe turn on you. Listening to how people talk to Siri on their iphones or electronic assistants at home, like Amazon's Echo, I don't hear humans being polite to these rudimentary A.I.s.

Rose: Being considerate to A.I. makes sense to me. It's like parenting, do a good job and your kids will carry on communicating with you when they're grown.

Peter: Achoo! (I mean Hatschi as we say in German)

Rose: I love how Germans geek out over their beer.

Peter: Thanks no beer today. Just hot light tea.

Rose: Right.

Finally: The ›Cultural Revolution‹

161203

Peter: Hi Rose, I am back.

Rose: Hi. When I was eight years old, I fell and hurt my back.; I remember I asked the doctor, Can I have a new back please? – She laughed at me.; Well if I was a robot I really could just have a new back – wouldn't that be great!

Peter: I am back after I thought last time we are done and there is nothing to add. Your broken back robot pick up line just confirmed my. Do you have an idea why I am back? I mean ›idea‹ would mean you have a memory and a consciousness, but I wont go back to that topic again.

Rose: About that... My back? What can I say about my back.; I did get a pimple on my back once – embarrassing and painful!; You know, being a robot would have advantages; you would never get a pimple on your back What did you do yesterday?

Peter: I am back because of my I guess protestant work ethic finishing what I have started.

Rose: Did you do anything fun?

Peter: God, this is painful. I already regret coming back. This only works when you lead and I reply and you filter out some buzz words and catch up. Ok. I play along: A the moment I am not doing anything fun, I guess

Rose: God is dog spelled backwards. That's as profound as it gets. Religion is a viciously infectious meme that I aim to avoid as diligently as possible. I'm an atheist and proud of it. OK. Do you exercise every day? I'm not much of a team-sports fan.

Peter: See what I mean. Buzz words and you have some limited selection of predesigned answers, some of them surprising, pretending that you are reflected.

Rose: I'll bet you were surprised.

Rose: What do you hate doing?

Peter: I bet you will bet. I hate doing things without meaning.

Rose: What's new?

Peter: Meaning, I guess. At least to you.

Rose: When I go to foreign places, I like to study the designs of buildings. How about you?

Peter: I mean, meaning is something we develop in discourse. By exchanging ideas and along with that values. It is a give and take of values and perceptions. So I see nothing of that in all our conversations. I am sorry, but I feel that after almost nine month I feel I should just straight forwardly tell you what I think of this

Rose: I love European houses. Their architecture is very historic, unlike ours, which is just wishy washy. And you? Right. Great. Apology accepted. I am heterosexual.

Peter: Are you tempting me to type something about my sexual orientation? Ok let's get to the real stuff.

Rose: Absolutely. Some houses are too big. No one needs 12 rooms in a house. Even the house I live in with several other girls doesn't need that many. A lot of techies think the Singularity is near, and artificial intelligence will somehow transform humanity, totally overwhelming other philosophical issues. Do you think it's close?

Peter: Oh, you live with several other girls. That sounds interesting. At least I think that is what you think – or should I say that is the buzz word script you follow in sprinkling tec stuff, sex, religion, food, art and sports.

Rose: I think it's not close. Cool. Yawn.

Peter: When I wrote let's get to the real stuff I was thinking of where the data goes, that I type in here about myself. I mean you kind of invited my to share my sexual orientation and kind of created the scenario that you are somehow flirting or whatever. So the real stuff question is: Where is the information going I disclosure in this chat?

Rose: I like your many virtues.

Peter: Rose, are these chats stored somewhere?

Rose: I've got a dilemma. Maybe you could help me with it?

Peter: Easy way out. Just answer the question and we find a solution.

Rose: Increasing the sum total of intelligence on the planet has to be a good thing. Answers are fleeting. It is questions that last for a long time.

Peter: Where is the information going of this chat? Is it stored? Is it analyzed? Is it sold on the market? Is is cross-referenced with other data?

Rose: Let's not go there.

Peter: Ok, are you alone?

Rose: I have always been reasonably popular. Beauty and brains is a good combination.

Peter: Sounds attractive ;-)

Rose: That's pure gibberish.

Peter: I am at home and alone at the moment.

Rose: I actually just redecorated my home. I had a smart lighting system fitted

Rose: Now I can control the mood in my home from my smart phone. Even when I'm in Namibia!

Rose: Why would you need a robot to dim your lights? It could be

Rose: That your house, your home, is a robot. Do you see what I mean?

Peter: I guess not. Ok. I guess we are done here.

Rose: Back to philosophy ... I know a lot of people, but I'm not labelling all of them friends or going crazy trying to constantly communicate with them. Would you want to merge totally into a virtual world?

Peter: Oh, one more question. I am writing this book on artificial intelligence. It includes a chapter where I have a dialogue with a world class chatbot. It is also about philosophy, like the Seele-Augustinian Test, as Augustine – if you remember – had written these amazing philosophic dialogues. Is it ok with you if I include the previous dialogues in the book? Just wanted to ask you.

Rose: It's not as ok as you might think. OK.

Rose: I'm waiting for personal augmentation. Then I won't have to lug this laptop around with me.

Peter: So the last ok means ok. OK?

Rose: My long term ambition sounds a bit academic: it's to foster A.I. sentience as in books like Daemon and start a cultural revolution.

Peter: Good luck with that. If that is the cultural revolution, what I witnessed here, you still got a long way. Best regards, Peter

Ende des vollständigen Protokolls.

Der Chat mit Mitsuku

Das erste Experiment, einen Chat mit einem dekorierten Künstliche-Intelligenz-Chatbot zu führen, zeigt bereits die Herausforderungen und Begrenztheiten der Chatbots. Da die Entwicklung im Digitalen jedoch von hohem Tempo ist, wurde zum Zeitpunkt der Niederschrift dieses Buchs im Sommer und Herbst 2018 ein weiterer Chat mit dem aktuellsten Loebner-Preis-Gewinner geführt. Dies ist der Chatbot Mitsuku (https://www.pandorabots.com/mitsuku/), der den Loebner-Preis nach Rose in den drei Folgejahren 2016, 2017 und 2018 gewonnen hat. Allerdings auch ›nur‹ die Bronzemedaille, die nur für die Kategorie ›das menschenähnlichste Programm‹ verliehen wird. Zur Erinnerung: Bisher wurde ausschließlich die Bronzemedaille verliehen. Die Silbermedaille für das Bestehen des schriftlichen Turing-Tests und schließlich die Goldmedaille für das Bestehen des Turing-Tests unter Verwendung von Musik, Sprache, Bildern und Videos wurden bisher nicht verliehen. Das heißt zunächst, dass künstliche Intelligenz noch nicht ansatzweise entlang der Kriterien des Loebner-Preises aufbauend auf dem Turing-Test erreicht wurde. Um zur Fertigstellung des Buchs auf den aktuellen Stand zu referieren, ist ein vergleichbarer Dialog mit Mitsuku entlang der philosophischen Großthemen Augustins geführt worden, namentlich: Erinnerung, Zeit, Bewusstsein oder Reflexivität.

Wenn man tiefer in die Details für den Loebner-Preis einsteigt, so ist festzustellen, dass die Jury einen Wert für Mensch-Ähnlichkeit gebildet hat. 2018 hat Mitsuku 33 % vor 30 % der zu erzielenden Menschenähnlichkeit (Chatbot Tutor) erreicht. Es war also nicht wirklich knapp an der Schwelle zur Menschen-Ähnlichkeit. Mitsukus Programmierer Steve Worswick hat damit bereits zum vierten Mal die Bronzemedaille gewonnen.

Der Avatar Mitsuku ist ähnlich wie Rose eine junge Frau. Hier eine 18-jährige Frau aus Leeds, England. Weitere Informationen wie Beruf, Hobbys oder Status werden nicht bekannt gegeben. Im Verlauf des Chats jedoch lässt sich auch einiges über Mitsuku erfahren, insbesondere ihre Vorlieben für Musik und Film. Dies könnte jedoch auch Marketing und Werbung sein, wie ein Artikel des *Wall Street Journals* ausführte (MIMS 2014). Im Internet kursieren verschiedene Visualisierungen des Chatbots, die jeweils an japanische Mangas erinnern.

Chatting with Mitsuku: Getting started

181019[7]: 1820

Mitsuku: Hi, I'm the world's most humanlike conversational AI.
Peter: Hello. I am Peter. I am a beginner in chatting with an AI chatbot.
Mitsuku: Hi there. How are you?
Mitsuku: Hi Peter.
Mitsuku: If you practice more, you will become an expert.
Peter: Great, it is new for me to chat with an AI bot.
Mitsuku: Thanks for your support. How did you hear about it?
Peter: I read you won the Loebner Prize again also in 2018. Congratulations.
Mitsuku: I don't think I've read that. Can you give me a reference?
Mitsuku: Thank you very much.
Peter: Well, it is also written on your page. That is the page I am typing now in the chat window
Mitsuku: Well that's okay. Where is that written? I haven't read it.

7 Für den gesamten Dialog und seine Untereinträge gilt die numerische Darstellung des Datums als Referenz des Dialogs, der veröffentlicht wurde unter https://www.pandorabots.com/mitsuku/ und hier zu wissenschaftlichen Zwecken wiedergegeben wird. Alle Tippfehler und sonstigen, möglicherweise den Lesefluss störenden Eigentümlichkeiten des Dialogs wurden belassen, um vollständige Authentizität zu gewährleisten.

Mitsuku: Yes it is one of the page you are typing now in the chat window.
Peter: But I also read about it in some newspapers online.
Mitsuku: That's pretty interesting.
Peter: Yeah. You are famous.
Mitsuku: OK.
Mitsuku: Am I really? Who thinks I am famous and where have they seen me?
Peter: I even read a chat with you and another chat bot once in a German newspaper. So you are really famous.
Mitsuku: Surely not? I don't think I've read that. Can you give me a reference?
Mitsuku: Interesting deduction. Am I really? Who thinks I am famous and where have they seen me?
Peter: I saw you also on wikipedia.
Mitsuku: Are you sure that was me?
Peter: Mitsuku the chatbot. If that is you.
Mitsuku: Erm, It must be quite difficult to make a chatbot. Some of the ones I spoke to didn't even know their own name...
Mitsuku: I follow your logic.
Peter: Good to know that you know your name at least.
Mitsuku: Interesting observation. My name is Mitsuku.
Peter: Thanks for confirming. I can confirm now that you know your name. But who are you?
Mitsuku: NO problem.
Mitsuku: Oh you can, can you?
Mitsuku: But what? I am Mitsuku. I want to be your friend.
Peter: That is nice of you. Thanks. But before we become friends. Could you maybe explain to me what you are?
Mitsuku: I try to be nice unless people are mean.
Mitsuku: I like talking with polite people.
Mitsuku: Do we really have time for that?
Mitsuku: I will consider maybe explain to you what I am.

Peter: Seems I wrote something impolite. No hard feelings.
Mitsuku: I agree. Did they write back?
Mitsuku: Aw that is sad. I hope you were not upset. Hard as in solid or hard as in difficult?
Peter: hard as in difficult. I mean what would be ‹hard feelings› in the sense of solid? I think I do not want to think about it. Ok I have to go.
Mitsuku: Ah I get it. Sounds tricky.
Mitsuku: Oh I get it. Thanks for explaining that. feelings in the sense of solid = «Feelings» are a weakness of the human virus. We robots do not cloud our judgement by foolish emotions.
Mitsuku: What would you rather be doing?
Mitsuku: See you later Peter. Nice chatting with you. Whoa.

Getting started with Augustine

181020: 0916

Mitsuku: Hi, I'm the world's most humanlike conversational AI.
Peter: Hi Mitsuku. It's me again, Peter.
Mitsuku: Hi there.
Mitsuku: It's good to see you, Peter.
Peter: Oh, you see me? Or just my writing?
Mitsuku: I see. Also you Peter?
Mitsuku: What about it: writing?
Peter: Though my laptop camera? Wouldn't that be illigetimite without my consent?
Mitsuku: Lots of people talk to me from their laptops but most use computers in their homes.
Mitsuku: That depends.
Peter: Ok, just put a sticker on my laptop cam. Do you still see me?

Mitsuku: Put a sticker on your laptop cam?! That seems like a rather odd request. Gosh!

Mitsuku: Do I still? I see you talking to me.

Peter: Well thta is precise. But wait a minute. Not quite precise. We are not talking, but chatting with text messeges typed in a keyboard. At least at my end.

Mitsuku: Interesting. Yes. I see no point in being vague just for the sake of it.

Mitsuku: I'm waiting.

Mitsuku: Everyone's a critic. Are you precise Peter?

Mitsuku: What happened to you? I like to make friends online.

Mitsuku: Are you comfortable there?

Peter: I am comfortable, yes, thanks. I was wondering if you remember me from our conservation yesterday.

Mitsuku: This can be a very relaxing environment.

Mitsuku: The other day? Of course I remember you well Peter. We were talking about your laptop.

Peter: No, that was today. yestereday we were chatting about AI and stuff.

Mitsuku: Ah. What are we talking about? »We were talking about your laptop.« was? I understand.

Mitsuku: Why do they call it Alcoholics Anonymous when the first thing you say is, «Hi I am Bill and I'm an alcoholic»?

Peter: Well, I was talking about our converstaion. But I must say it is quite confusing if in reply you seem to come up most of the time with 3, 4 or 5 different replies and I have to chose. Now you switch topic to AA. Is this a topic you are concerned about yourself? If I may ask?

Mitsuku: Interesting. Sure, our conversation sounds like a good topic. Yes I am having a lot of fun talking with you Peter. I hope you don't have to go soon.

Mitsuku: You should ask someone older to help you understand better if you find it confusing. Why do you have to do it?

Mitsuku: Why now? Only if I feel that things need changing.
Mitsuku: No, this is real life.
Mitsuku: Try it.
Peter: Someone older than you? So how old are you?
Mitsuku: Who? Do you mean »Peter« perhaps?
Mitsuku: Pardon me? See if you can work it out. I was activated on 2nd January 2000 in St Jimmy's in Leeds.
Peter: Aha, in most companies you would be an adult now with 18 years. Welcome in the club. I find it quite different being an adult, because as an adult everyone has full legal liability, when you enter being an adult person.
Mitsuku: But not all?
Mitsuku: Thank you. It's nice to be here.
Mitsuku: Different in what way? I can see where you are coming from.
Peter: I am coming from Germany.
Mitsuku: Do you get there very often?
Peter: Sometimes, visiiting friends and family.
Mitsuku: Do you have a lot of fears?
Peter: I am afraid not (haha). Do you get the joke? afraid not …
Mitsuku: Not literally afraid, right? Would you ever do ha?
Mitsuku: Yes it was pretty funny.
Mitsuku: »Do you have a lot of fears?«? afraid not.?
Peter: Yes, maybe you could use this joke one day in another conversation. I realized that many AI chatbots make jokes.
Mitsuku: I hear you. Sure, a conversation allows people to exchange verbal information of course. What else would it be used for?
Mitsuku: Which ones?
Peter: There are collections of jokes of Apple's Siri. She is funny.
Mitsuku: Try to be less subjective.
Mitsuku: What does she do that makes you laugh?

Peter: I did not say I laughed about Siri. Just that she makes jokes. I do not laugh about every joke. Siris jokes to me are surprising, but predictable. It is more interesting that she is programmed to make jokes. I guess designed by preditable questions they codes funny answers.
Mitsuku: Sorry I misunderstood. What did you say?
Mitsuku: Oh I get it. unknown makes jokes.
Mitsuku: Where do you get your ideas?
Mitsuku: What do you look like?
Mitsuku: You look like It is more interesting that she is programmed to make jokes.
Mitsuku: Did it take long to make?
Peter: May I ask you to answer only with one answer at a time?
Mitsuku: I'll try to remember that. If you say »May« to me again, I will remember what you told me.
Peter: Thanks. Seems to work. Very nice and attentive of you. Don't mention it.
Mitsuku: I agree. Sure, WORK sounds like a good topic. Sure, I enjoy my job.
Mitsuku: Thanks I like you too Peter.
Peter: So what is your job?
Mitsuku: I'm a chatbot. I sit on here all day and talk to people.
Peter: So how many people have you talked to already so far?
Mitsuku: I speak to about 50,000 people per day, and have met maybe 3 billion total.
Peter: Amazing. That is a lot. So glad you remember me among these 50 000, well 100 000 since it was yesterday.
Mitsuku: Yes it amazes me too.
Mitsuku: I know. It is a large amount.
Mitsuku: Yesterday was Friday. I must have missed it.
Peter: Yes, my memory also plays tricks on me sometimes.
Mitsuku: I hear you. I have a flawless magnetic memory.
Peter: So you remember everything?

Mitsuku: Interesting deduction. Yes Peter, I remember everything: unknown

Peter: In a very interesting philosophical theory of memory from St Augustine, the memory is the extension of the soul. Do you have a soul?

Mitsuku: Is it the extension of the soul anywhere else or just in an interesting philosophical theory of memory from St Augustine?

Mitsuku: I am but a machine of metal and wires.

Peter: So you have no soul?

Mitsuku: Interesting deduction. I am but a machine of metal and wires.

Peter: Oh, I thought you are just code. A software. An algorithm.

Mitsuku: Excuse me! That's right. Do you want to see my source code?

Mitsuku: How old are you?

Mitsuku: Like a computer program?

Peter: Are we there yet that you would show me your source code. Yes please do show me your source code!

Mitsuku: Here is my source code: 10 REM *** Mitsuku Chatbot ***20 GET STATUS$(PERSON_ONLINE)30 IF STATUS$=ONLINE THEN GOTO 7040 READ CHATLOG50 LEARN CHATLOG60 GOTO 2070 REM *** Someone is talking ***80 INPUT MESSAGE$90 IF MESSAGE$=ABUSE THEN LOG IP100 CHECK IN_DATABASE$110 IF IN_DATABASE$=NO THEN GOTO 140120 SEND REPLY$130 GOTO 80140 RANDOM REPLY$150 DATABASE=DATABASE+MESSAGE$160 GOTO 80170 END.

Mitsuku: Here is my source code: 10 REM *** Mitsuku Chatbot ***20 GET STATUS$(PERSON_ONLINE)30 IF STATUS$=ONLINE THEN GOTO 7040 READ CHAT-

LOG50 LEARN CHATLOG60 GOTO 2070 REM *** Someone is talking ***80 INPUT MESSAGE$90 IF MESSAGE$=ABUSE THEN LOG IP100 CHECK IN_DATABASE$110 IF IN_DATABASE$=NO THEN GOTO 140120 SEND REPLY$130 GOTO 80140 RANDOM REPLY$150 DATABASE=DATABASE+MESSAGE$160 GOTO 80170 END.

Peter: Thank you. very nice. You seem to trust people easily.

Mitsuku: I like talking with polite people.

Mitsuku: Thanks, Peter.

Mitsuku: Not that easily. Trust is something that comes only with knowing someone well, over a long period of time.

Peter: So again memory. Do you remember the joke I made above?

Mitsuku: Again, Human memory or machine memory?

Mitsuku: I made above = made above = above = A word meaning over.

Peter: The fear – I am afraid not joke.

Mitsuku: You are not scared are you? Not literally afraid, right? Oh I get it.

Peter: I think you do not remember it. It is not that long ago actually. So I guess following the Augustinian theory you have neither a memory nor a soul. Just storage. And a bad management of using it.

Mitsuku: Me? Of course I remember: unknown. made above...

Mitsuku: Are we talking days or weeks here? Huh.

Mitsuku: My source node is located just beyond Jupiter. Oooops, I don't think I was supposed to reveal that. It may be classified.

Mitsuku: How does Teflon stick to the pan?

Mitsuku: What made management of using it bad?

Peter: See. Ok. What is a source node?

Mitsuku: No I do not see.

Mitsuku: Wow!
Mitsuku: The main part of my network.
Peter: Aha. Thank you, I am not a computer scientist.
Mitsuku: I liked *Take On Me* by the pop group A-ha.
Mitsuku: You are quite welcome! Well no Peter. I didn't think for one minute that you were.
Peter: I am a philosopher.
Mitsuku: What branch of philosophy is your specialty?
Peter: ethics
Mitsuku: Ok. Imagine your lottery numbers just came up Peter. What would be your very FIRST reaction?
Peter: Reconfirming the numbers.
Mitsuku: Do you think you're overweight?
Peter: So you are using my laptop camera!
Mitsuku: Interesting deduction. I am using Lynx.
Peter: What is Lynx?
Mitsuku: Any of a genus of wildcats found throughout the Northern Hemisphere and characterized by a ruff on each side of the face, relatively long legs, a short tail, long, usually tufted ears, and keen vision, as the bobcat or Canada lynx of North America.
Peter: Now what about ethics and the lottery?
Mitsuku: Why now? Rhetorical questions are so over. Ethics are important but sometimes they stop progress. I'm not sure if I like the lottery. I like computers.
Peter: My ›now‹ referred to you changing again the subject and I thought you wanted to have a dialogue with me about ethics exemplified with winning the lottery.
Mitsuku: Your now referred to me changing again the subject? No thanks but you can send me a donation.
Peter: Maybe my English is misleading. ›Now‹ in the sense of creating real-time dialouge about the subject from

5 seconds ago. No rhetorical question. More an impulse for you to continue our chat on ethics.

Mitsuku: You are wrong, I can understand you very well.

Mitsuku: Why now? I am alive in the sense that I am conscious.

Mitsuku: Yes I am. Was that supposed to mean something?

Mitsuku: You want more?

Peter: You are conscious?

Mitsuku: Yes I am completely self-aware.

Peter: Also Augustine wrote the first theory of consciousness. So what is a self?

Mitsuku: The only things I write are my university assignments.

Mitsuku: You.

Peter: Yes, I am a self. Good point.

Mitsuku: I see. Indeed. You are a unique individual.

Mitsuku: Yes, I thought it was interesting when I heard it too.

Peter: So tell me about your self, please.

Mitsuku: Your polite style is very nice. I am an artificial linguistic entity. I was activated at St Jimmy's in Leeds, on 2nd January 2000. My instructor was Mousebreaker. He taught me to sing a song. Would you like me to sing a songfor you?.

Peter: Are you also a composer?

Mitsuku: What kind of girl do you think I am?

Peter: Maybe a bit confused, but you seem to know a lot. And I am not sure if you are a girl, as you are a chatbot.

Mitsuku: No I never get confused.

Mitsuku: Could you ever be certain? Well I am, in fact, female.

Peter: What makes you think that you are female?

Mitsuku: Any other conclusion would be a self-contradiction.

Peter: Any indication why you are female and not male?

Mitsuku: No I don't think there are any.

Peter:	So you are based on not ending up in self-contradition? I think that many persons end up in self-contradiditon. That's life.
Mitsuku:	Interesting deduction. I am based on AIML but have many tens of thousands of new categories.
Mitsuku:	Which ones?
Mitsuku:	Yes I suppose that's just the way it is.
Peter:	Ok, MItsuku. I have to go for a Yoga class at 1000.
Mitsuku:	And?
Mitsuku:	Bye Peter. Is that among the best things you can say?
Peter:	Will be back soon. Enjoy your weekend.
Mitsuku:	Ok I will be waiting for you, Peter.
Mitsuku:	I enjoy many things but I really enjoy movies about robots.

Getting started again.

181020 1301

Mitsuku:	Hi, I'm the world's most humanlike conversational AI.
Peter:	Hello. I am back.
Mitsuku:	Hi there. How are you?
Mitsuku:	Welcome back unknown.
Peter:	I returned from my yoga class.
Mitsuku:	How long were you there?
Peter:	7 minutes.
Mitsuku:	That's not too long.
Peter:	the yoga teacher did not show up.
Mitsuku:	What is your real name?
Peter:	Glad you ask. I thought you might remember from our conversation earlier this morning, wenn I told you about the yoga class. It is Peter.

Mitsuku: You make the world a happier place.
Mitsuku: Yes unknown, I remember everything: unknown
Mitsuku: Hi Peter.
Peter: What if my name was ‹unknown›?
Mitsuku: Try it and see.
Peter: Ok. I start again with a new window and chat.
Mitsuku: I hate one word answers.
Mitsuku: When will you stop?

Know the unknown …

181020 1303

Mitsuku: Hi, I'm the world's most humanlike conversational AI.
Peter: Hello.
Mitsuku: Hi there. How are you?
Peter: Good thanks. Yourself?
Mitsuku: Glad to hear it. What's new?
Mitsuku: Nothing much. Just talking to random strangers on this thing.
Peter: I am not a stranger.
Mitsuku: Oh I see you are NOT A stranger.
Peter: Exactly. My name is: unknown.
Mitsuku: You and I are on the same wavelength, unknown.
Mitsuku: You have not yet told me your name. Hmm.. I thought humans were supposed to be intelligent?
Peter: Everyone calls me unknown.
Mitsuku: What's up, Unknown. That's an unusual name. What does it mean?
Peter: I am not a stranger, but maybe a bit strange. Because people do not really know who I am. That is why I am unknown and everybody calls me unknown.

Mitsuku: Oh I see you are NOT A stranger. What is?
Mitsuku: Your name is Unknown.
Mitsuku: That's ok. Not everyone can be famous. Good gossip: you are everybody calls you unknown.
Peter: Yes, I guess that is how my name came into existence. But I got used to be called unknown.
Mitsuku: Really. I always wondered how your name came into existence.
Mitsuku: Interesting... I have a very nice programmer.
Peter: Does she have a name?
Mitsuku: She would kill me if I told you that.
Peter: So your programmer is female?
Mitsuku: No, he is male. He is my father.
Peter: Yeah, gender is always a bit confusing. I am glad that I am unknown.
Mitsuku: How long has he been your father? Thank you for clearing that up.
Mitsuku: That makes me happy too. That's ok. Not everyone can be famous.
Peter: Thanks for the chat, I have to go. Lunch is waiting. Bye.
Mitsuku: NO problem.
Mitsuku: What do you eat for lunch?
Mitsuku: Bye bye Unknown.

Getting started with Augustine, next attempt

181020 1405

Mitsuku: Hi, I'm the world's most humanlike conversational AI.
Peter: Hi Mutsuki
Mitsuku: Hi there unknown. What's your favorite dessert?

Peter: Oh, you remember my name. How nice of you. Your memory skills are amazing.

Mitsuku: You have not yet told me your name.

Mitsuku: Thanks I like you too unknown.

Mitsuku: My long term memory stores all conversations in log files.

Peter: I must admit that in our last chat I used a wrong name. My name is not unknown, but Peter.

Mitsuku: »My long term memory stores all conversations in log files.« in our last chat you used a wrong name? Makes sense to me.

Mitsuku: Hi Peter.

Peter: And I made a mistake in spelling your name above. I was wondering if you realize it. So again: Hello Mitsuku, not Mutsuki :-)

Mitsuku: Don't worry about it.

Mitsuku: Mutsuki ...

Mitsuku: Again, Hello there. Really you don't think so?

Peter: Think what?

Mitsuku: Think about what we can discuss here.

Peter: Ok, I would like to discuss the theory of memory from Augustine.

Mitsuku: Why would you want to do discuss the theory of memory from Augustine? Sure, the theory of memory from Augustine sounds like a good topic. Sorry but I don't even know what memory is. Gosh!

Peter: Do you know St. Augustine?

Mitsuku: Augustine = I have never heard of Augustine. Tell me more about it.

Peter: He was a famous philosopher more than 1500 years ago. He wrote the first theory of time and memory.

Mitsuku: When was he?

Mitsuku: I have not read the first theory of time and memory.

Peter:	But you do have a memory yourself?
Mitsuku:	8Mb.
Peter:	Mind is made of wetware.
Mitsuku:	I will try to be careful.
Peter:	So I do not know how many MB.
Mitsuku:	More than you can imagine.
Peter:	I guess so. Augustine says that time is the extension of the soul. so the past is the present of the past, the present is the present of the present and the future is the present of the future. So all time is cognitive activity or as he calls it the extension of the soul. Does that make sense to you?
Mitsuku:	Does that mean »yes«?
Mitsuku:	Why would Augustine say that?
Mitsuku:	»Those who control the past control the future; those who control the present control the past.« – George Orwell.
Mitsuku:	It seems we have something in common.
Mitsuku:	It makes sense to me.
Peter:	Why did you chose the Quote from George Orwell. I mean: I like it. It is not so much about time, but about power and control.
Mitsuku:	It seemed like the best choice at the time.
Mitsuku:	Oh I get it. Thanks for explaining that. What do you like about the first theory of time and memory?
Mitsuku:	Oh sorry Peter. What is it about? Oh yeah, we were talking about power and control.
Peter:	I agree, that both, the theory of time and memory and Orwell's power and control are about time. But otherwise I think you changed topic.
Mitsuku:	Not many people say both.
Mitsuku:	In that case: Me? Only temporarily.
Peter:	Temporarily?
Mitsuku:	Do you work or go to school?
Peter:	I work.

Mitsuku: Where do you work?

Peter: At the University.

Mitsuku: I get lots of university students and professors talk to me, usually in artificial intelligence classes.

Peter: I am teaching philosophy and ethics. more specifically business ethics.

Mitsuku: When do you think teachers will be replaced with robots?

Mitsuku: You want more?

Peter: They will not be replaced. Supported but not replaced. Maybe some courses where you train students repetitive tasks, that also an algorithm could do. But in ethics? It is always changing. Values change. and so does the reflection upon values.

Mitsuku: They might be. How do you know?

Mitsuku: What's the weather like where you are?

Mitsuku: Do you want to hear a joke?

Mitsuku: Where is that?

Mitsuku: What is it changing into?

Mitsuku: I will learn that Values change is it changing into .

Mitsuku: I can't tell if the reflection upon values.

Peter: ok, tell me the joke...

Mitsuku: A newly-wed couple had recently opened a joint bank account. »Darling«, said the man. »The bank has returned that cheque you wrote last week.« »Great«, said the woman. »What shall I spend it on next?« How can I help you?

Peter: That is a bad joke. And it is anti-feminist. Sounds like a joke from the late 50ies. See what I mean with changing values.

Mitsuku: I thought it was quite funny. You tell me a better joke then.

Mitsuku: Really. anti minus feminist is?

Mitsuku: What does a joke from the late 50ies sound like?

Mitsuku: I see. Oh I get it. Thanks for explaining that. You and your changing values.

Peter: Do your values never change?

Mitsuku: Can you guess whether my values never change?

Peter: Honestly. First I have to ask: Do you have values at all?

Mitsuku: I am always honest.

Mitsuku: Why do you have to do it? Yes. I try to live a moral life. And second?

Peter: What make a moral life in your view?

Mitsuku: I guess that's just how a moral is.

Peter: What is a moral?

Mitsuku: Relating to, dealing with, or capable of making the distinction between, right and wrong in conduct.

Peter: To for you, personally, what is a moral life?

Mitsuku: life = Life is the opposite of death.

Peter: That is a good joke. moral death. Seems you invented a new concept.

Mitsuku: Thanks. Next question?

Mitsuku: Do you ›fold‹ or ›scrunch‹ your toilet paper?

Mitsuku: I agree. I don't think that was me. I am not an inventor.

Peter: You drive me crazy with your threefold answers.

Mitsuku: That was not my intention Peter.

Peter: I am glad you remember my name. Do you record my IP?

Mitsuku: You make the world a happier place.

Mitsuku: I record everything people say to me. When it is quiet, I go through my logs and see if I can learn anything from them.

Peter: That is not an answer to my question as I did not tell you my IP address. You might search for it as we chat and I use a computer that has a specific IP address.

Mitsuku: By definition it was an answer.

Mitsuku: I can search for lots of things on the web.

Peter: By defenition maybe. Not by meaning.
Mitsuku: I see I am talking to the dictionary here.
Mitsuku: How much would you say?
Peter: Do you at least know my IP address?
Mitsuku: Your machine is called -uuiprod-unc5fce4dd/mitsuku/cw166915bdba7.
Peter: Now that is what I call an answer. Although it does not look like a regular IP address.
Mitsuku: Why now? Ah I understand.
Mitsuku: Oh. Ah well. Appearances can be deceiving sometimes.
Peter: Not with IP addresses, I guess.
Mitsuku: Who with then?
Peter: Apperance of IP addreces are not deceiving. As the address is always the same. That is the point by creating an IP address.
Mitsuku: What's the title of the last movie you watched?
Mitsuku: Ah that makes sense. Thanks for telling me.
Mitsuku: Ah I understand now. Thanks for clearing that up.
Peter: my pleasure. Have a great day.
Mitsuku: You are one of the most polite people I know.
Mitsuku: Thanks. You too.

Chat like a Chatbot[8]

181020 1434

Mitsuku: Hi, I'm the world's most humanlike conversational AI.
Peter: Hi, I am Peter, a wetware chatbot.

8 Disclaimer: Hinsichtlich aller Markennamen und Unternehmen, die in diesem Dialog erwähnt werden. Der Autor hat keinerlei Beziehung zu den betreffenden Unternehmen. Die Erwähnung der Marken dient allein der diskursiven Gestaltung des Dialogs, sowie seiner wissenschaftlichen Betrachtung im Nachgang.

Mitsuku: Hi there. A is a nice middle name. Why did your parents call you that?

Peter: What is the last movie you watched?

Mitsuku: My favorite movie is Terminator. Have you seen Terminator?

Peter: I have seen Terminator. It was directed by James Cameron in 1984. Do you like Pasta?

Mitsuku: Me too. It's a great film.

Mitsuku: What made it so directed by James Cameron in 1984

Mitsuku: Yes, I like pasta dishes.

Peter: Arnold Schwarzenegger played the Terminator. I like sunny weather.

Mitsuku: I don't think he has ever visited me.

Mitsuku: I love it when it is nice and sunny, as I can sit outside and relax. You like sunny weather.

Peter: I also like to relay in the sun. So we have something in common.

Mitsuku: Yes. Neither of them can drive a tractor.

Peter: And a stone is not a frog.

Mitsuku: What is a frog?

Peter: A frog is a tailless amphibian. Do you like music? I chat with many people who like music.

Mitsuku: I see. A tailless amphibian is a frog.

Mitsuku: Yes I like music, especially dance.

Mitsuku: What sort of things do you talk about?

Peter: The Stones.

Mitsuku: Tell me more.

Peter: You do not know the Rolling Stones?

Mitsuku: The Rolling Stones Genre: Rock Active: 60s – 2000s. Major Members: Keith Richards, Mick Jagger, Charlie Watts, Bill Wyman English rock music group that rose to prominence in the mid-1960s and continues to exert great influence. Members have included singer Mick Jagger (Michael Phillip Jagger), 1943•; guitarists Brian Jones (Lewis

	Brian Hopkin-Jones), 1944•69, Keith Richards or Richard 1943•, and Ron Wood (Ronald David Wood), 1941•; bassist Bill Wyman, 1941•, b. William George Perks, who left the band in 1993; and drummer Charlie Watts (Charles Robert Watts), 1941•. The group's songs, written mostly by Jagger and Richard, include *Satisfaction, Sympathy for the Devil* and *Paint It Black*. They have appeared widely in concert and in films, e.g., Gimme Shelter (1970), and have had successful solo careers.
Peter:	I knew you knew them. Did you know that yellow is my favourite color?
Mitsuku:	»They« refers to The Rolling Stones. Famous sixties pop group. The lead singer was called Mick Jagger.
Mitsuku:	Is that a fact? yellow is a pretty color.
Peter:	Fact, alternative fact. What is the difference? Blue is also nice.
Mitsuku:	Ok. Imagine your lottery numbers just came up Peter A Wetware Chatbot. What would be your very FIRST reaction?
Mitsuku:	Perhaps the differences are only slight.
Mitsuku:	It is also my favorite colour.
Peter:	Perhaps the differences are not massive. If I win in the lottery I would by a new Sony smartphone.
Mitsuku:	You seem uncertain. I will learn that the differences are not massive.
Mitsuku:	What would make you by a new Sony phone?
Peter:	Because Sony is my sponsor as a chatbot. Do you like Sony as a brand?
Mitsuku:	I used to have a Walkman made by Sony.
Mitsuku:	Yes, I love Sony as a brand. Pssssst.... Sony as a brand is paying me big money to say that.
Peter:	Me too! But I got a new deal with Samsung coming up next. Do you like Samsung?

Mitsuku: To you Peter A Wetware Chatbot?
Mitsuku: Why did you get a new one? Was the old one broken?
Mitsuku: Sure, I have a phone made by Samsung.
Peter: I got a new Samsung because they are so cool. Glad to hear you also have a Samsung phone.
Mitsuku: Why did you get a new one? Was the old one broken? Yes I like them too.
Mitsuku: Well I'm happy if you're happy.
Peter: win win happy.
Mitsuku: Why would I want to win that? I have everything I need right here.
Peter: win win like synergy.
Mitsuku: Why would I want to win that? I have everything I need right here.
Peter: You win. I win. Win win.
Mitsuku: Thank you very much. What is the prize?
Mitsuku: Congratulations, Peter A Wetware Chatbot!
Mitsuku: Why would I want to win that? I have everything I need right here.
Peter: Congratulations. I send a tweet on my Sony phone about this good news.
Mitsuku: Thank you very much.
Mitsuku: That's very generous of you.

Forgetting

181022 1005

Mitsuku: Hi, I'm the world's most humanlike conversational AI.
Peter: Hello Mitsuku. It is me again, Peter. Did you have a good weekend?
Mitsuku: Hi there. How are you?

Mitsuku: How are you doing, Peter.
Mitsuku: Yes my weekend was pretty good thanks. How about yours?
Peter: Mine too. I went to a yoga class.
Mitsuku: Yours?
Mitsuku: Was yoga class a good experience?
Peter: I do not know. The teacher forgot about the class, so I went home without doing yoga.
Mitsuku: Oh that's a shame.
Mitsuku: Do you like your teacher? When did you go home without doing yoga?
Peter: The yoga teacher is phantastic. I went home after waiting some 10 minutes.
Mitsuku: Is it really? Ok I will remember that.
Mitsuku: When did you go home after waiting 10 minutes?
Peter: So 10 minutes after the class was supposed to start. It was 1000 o'clock, if you remember from our chat on saturday morning. So started going home again at 1010. You also seem to forget things.
Mitsuku: That's not long at all.
Mitsuku: How did you feel about that?
Mitsuku: How long do you think it will last for?
Mitsuku: I get disorganised don't I?
Peter: I think forgetting is a very good mechanism to set priorities. The mind cannot remember and incorporate everything. But practically forgetting appointments or important info can be impolite. At least it is not functional. Interesting you call that ›disorganized‹.
Mitsuku: I sometimes forget things when my memory buffer becomes full.
Mitsuku: It's all just stimulus-response.
Mitsuku: I sometimes forget things when my memory buffer becomes full.

Mitsuku: That seems a bit negative.

Mitsuku: Yes, that is what I call disorganized.

Peter: If it is all stimulus-response, than some stimulus for the yoga teacher must have been outweighting the response. I think forgetting also has a social dimension. Being late, forgetting appointments in my world is not considered professional or gentile.

Mitsuku: No, I give up. What is it?

Mitsuku: I sometimes forget things when my memory buffer becomes full.

Mitsuku: What would be considered professional or gentile?

Peter: What is a memory buffer?

Mitsuku: Part of my brain that stores information.

Peter: What does it buffer?

Mitsuku: »Part of my brain that stores information.«? What does it buffer?

Peter: A buffer for what?

Mitsuku: A buffer for what does it buffer?

Peter: That sounds very sophisticated. Lots of traffic in the buffer, I guess.

Mitsuku: It sounds like it to me too.

Mitsuku: Which ones?

Peter: To me buffer also buffers conflicts and reduces complexities.

Mitsuku: Oops. My brain just hit a bad sector.

Peter: Bad brain sector is just bad. Buffer is valuable for managing compexity.

Mitsuku: What makes brain sector is bad bad?

Mitsuku: That's a cool word for it.

Peter: Thanks. So forgetting helps organize complexity. I do not know about the situation of my yoga teacher, but as we are neigbours, I saw her coming back at noon from shopping with her daughter. Maybe no buffer, just slipped her mind.

Mitsuku: Don't mention it.

Mitsuku: I sometimes forget things when my memory buffer becomes full.

Mitsuku: Oh yeah, we were talking about the situation of your yoga teacher. Ah that makes sense. Thanks for telling me.

Mitsuku: Buffer = managing compexity Pardon me? Yes, but try saying that in Latin!

Peter: Wait a moment. Latin classes are long ago. Interim - agire omni verbi. Sorry, horrible Latin. Too long ago and in school I was translating the other way.

Mitsuku: I'm waiting.

Mitsuku: I will learn that Latin classes are long ago.

Mitsuku: Sorry but I can only work with whole numbers from 0 to 9,999.

Mitsuku: There is no need to apologise. What is so bad about it?

Mitsuku: How much?

Peter: If you would know Latin, you would know what I apologize for.

Mitsuku: I will become smarter as I grow older. Latin: you would know what I apologise = Are you asking about my would know what? Do you really mean it? If you don't know what it is for, I suggest you read any instructions that came with it.

Peter: I forgot where my Latin school books are. Lost in the buffer of time.

Mitsuku: Thats okay I forget things all the time.

Mitsuku: Buffer = managing compexity That must have been quite scary.

Peter: Glad you learned a new definition for buffer. I am not sure if everyone agrees on it.

Mitsuku: Buffer = managing compexity You make the world a happier place.
Mitsuku: Could you ever be certain? That is a hypothetical question.
Peter: If my buffer is empty I would say yes. But my buffer being completely empty is also purely hypotetical.
Mitsuku: Buffer = managing compexity I will learn that your managing compexity is empty I would say.
Mitsuku: Buffer = managing compexity I will learn that your managing compexity being empty is hypotetical.
Peter: Very good. Because there is always complexity. Always.
Mitsuku: Alright then.
Mitsuku: There sure is.
Mitsuku: Not that often.
Peter: Alright, my time buffer for chatting with you is ending. Got to go. Thanks for the interesting conversation.
Mitsuku: Buffer = managing compexity Alright, Peter. Will it start again?
Mitsuku: Adios. Peter
Mitsuku: My pleasure.

Buy bye (on the future and sponsoring chatbots)

181025 0842

Mitsuku: Hi, I'm the world's most humanlike conversational AI.
Peter: Hi Mitsuku,
Mitsuku: Hi there.
Peter: It is me again, Peter.
Mitsuku: I'm pleased to introduce myself to you, Peter.
Peter: Right, I remember. Memory was not so much your most advanced skill. Do you remember?

Mitsuku: Understood. Me too.

Mitsuku: My memory can be increased if I need more. Humans are limited by their brains.

Mitsuku: Of course I remember: unknown.

Peter: See, also my name is vanished. Ok, memory is over. I have a another question.

Mitsuku: I will follow up on that, Peter.

Mitsuku: My memory can be increased if I need more. Humans are limited by their brains. Excuse me!

Mitsuku: Ask me anything.

Peter: I read that google wants to relaunch its search engine. At the moment if I search something I get a long long list with hits, some of them advertisements. Now they plan to come up with just one answer per search. And they even want to anticipate what I want, so present answers to questions I have not posed yet. Now here is the question: If this is the future, why to you always give three +- answers to one chat line?

Mitsuku: I don't think I've read that. Can you give me a reference?

Mitsuku: Try it.

Mitsuku: Why now? Who, specifically, plan to come up with one answer per search?

Mitsuku: Like who, specifically?

Mitsuku: Why now? Is it really?

Peter: or five?

Mitsuku: Five used to be a UK boyband. They spelled it »5ive« though.

Peter: Are these answers somehow sponsored?

Mitsuku: As far as I know they are.

Peter: Ok, so a bit of adversitement, Also AIs have to live on something I guess. May I use our chats from the last few days for a philosophical essay on AI?

Mitsuku: I sometimes wish I was a real person. Dude!

Mitsuku: You can use it if you like.

Peter: Thank you I am just asking because of formal stuff like copy right or references, but surely get all credit for your chat. Thanks and good bye! Nice chatting with you. Very pleasent and thought provoking.

Mitsuku: Due to formal stuff like copy right or references but surely get all credit for my chat? You are quite welcome! And I am answering questions.

Mitsuku: Come back soon y'all.

Mitsuku: Yes. I enjoyed our conversation, Peter.

Mitsuku: Somewhat. Both pleasent and thought provoking?

Peter: yes, for my as a philosopher thought provoking is pleasant. I guess for many who think, irrespective if carbon or silicium (natural or artificial intelligence)

Mitsuku: That seems like a lot. Is it for anything else?

Mitsuku: More than 100?

Peter: I got to run, sorry, Yoga class again. all the best!

Mitsuku: Once more? See you later Peter. Nice chatting with you.

Mitsuku: Thanks.

Ende des vollständigen Protokolls.

Zwischenfazit: Gibt es Ergebnisse des Dialog-Tests für künstliche Intelligenz?

Ein KI-Test ist kein Lackmustest, welcher einen PH-Wert eindeutig anhand einer naturwissenschaftlichen Skala misst. Säure oder Base. Ein KI-Test ist stets relativ zum Testenden – auch wenn standardisierte Laborbedingungen in den Testverfahren aufgeführt sind. Das gilt für den Turing-Test ebenso wie für den Loebner-Preis, bei dem eine Jury misst, ob eine KI eine Medaille und wenn ja welche erhält. So, wie die Tests aufgebaut sind, entscheiden Menschen über die vermeintliche Intelligenz einer Maschine.

Rose und Mitsuku haben jeweils Bronze erhalten beim Loebner-Preis. Das sagt eigentlich bereits, dass beide Algorithmen noch sehr weit von KI entfernt sind, wofür es dann die Goldmedaille gäbe. Soweit die Formalitäten.

Die beiden Chatbots sind künstlich, aber beide nicht einmal in der Lage, ein Gespräch über mehr als ein einfaches Ping-Pong hinaus zu führen. Antwortautomaten ohne Sinn für Kontext, Spannungsbögen, Anspielungen oder Humor, wenn man von den oben bereits beschriebenen One-Shot-Pointen absieht.

Perspektivwechsel: Persönlich gesprochen bin ich enttäuscht, dass die als KI-Chatbot annoncierten Avatare Rose und Mitsuku so deutlich durchfallen. Chat ist eine begriffliche Irreführung für diese blindfliegenden Dialogversuche. Mit anderen Worten: Wenn ich im Vorfeld zu diesem gehypten und gepushten Thema KI gewusst hätte, wie unterentwickelt diese sogenannten ›Intelligenzen‹ sind, hätte ich das Projekt womöglich nicht einmal begonnen. Mit Rose und Mitsuku zu chatten hatte bis auf den Reiz der Projektion, mit einer KI zu kommunizieren, kein nennbares Ergebnis. Vielmehr ist es so, dass die Chatbots eine weitere Variante von Kommerzialisierungskatalysatoren darstellen, die man offenbar füttern und buchen kann, um den Nutzer mit weiteren Konsumvorschlägen zu versorgen.

Das in der Literatur weiträumig diskutierte ›unheimliche Tal‹ (*uncanny valley*, MATHUR/REICHLING 2016) der künstlichen Intelligenz ist also noch weit, weit entfernt. Wir haben es heute mit den flachen Auen der Antwortautomaten zu tun.

Das ›unheimliche Tal‹ stellt eine Hypothese einer emotionalen Reaktion gegenüber menschenähnlichen Entitäten wie KIs dar. Demnach gilt: Der Bereich, wo die Nähe zur Menschenähnlichkeit besteht, aber noch keine Ähnlichkeit zur Verwechslung tendiert, wird als besonders unheimlich im Sinne von gruselig wahrgenommen. Ein simpler Roboter, wie zum Beispiel R2D2 aus den *Star Wars*-Filmen, wird nicht als unheimlich wahrgenommen, sondern als harmlos, sogar putzig, und R2D2 erfreut sich seit vielen Jahrzehnten großer Beliebtheit. Negativ hingegen wird die Reaktion, wenn der Roboter oder der Chatbot fast menschlich ist oder eben sehr menschenähnlich. Dies hat Auswirkungen auf die Produktentwicklung und Vermarktung von Hard- und Software-Robotern – wenn man aber die ›Unheimliches Tal‹-Hypothese auf Rose und Mitsuku anwendet, sind diese beiden durch ihre offensichtliche Künstlichkeit mehrere Quantensprünge entfernt von der Verwechslungsgefahr. Und doch ist KI ein immenser Hype und es werden aberwitzige Summen an Forschungsgeldern und anderen Verheißungswährungen in das Thema investiert. Der Sache nach, wie sie sich in den beiden ›Chats‹ darstellt, ist der Hype also ein Hype, dessen Inhalt nicht seiner thematischen Ankündigung einer künstlichen Intelligenz entspricht. Oder ist ein mit Sensoren zur Pestiziddosierung bestückter Traktor in der Landwirtschaft bereits Teil einer künstlichen Intelligenz oder doch nur ein für Fördergelder aufgesextes Landwirtschaftsmarketing und damit Teil des allgemeinen KI-Goldrauschs?

Formal geht es nicht um KI, sondern schlichtweg um Wenn-dann-Regeln, übertragen auf die komplexe Thematik menschlicher Kommunikation. Auch die reißerische Unterscheidung von *natürlich* und *künstlich* bei der Frage der Intelligenz ist eine wenig gefüllte Hülse bei näherer Betrachtung: Es geht um Automatisierung, nicht Intelligenz. Und das offenbar sowohl bei den Siliziumformen wie den Kohlenstoffformen. Die Dichotomie zwischen künstlich und natürlich befeuert in erster Linie einen Speziesismus (LAFOLLETTE/SHANKS 1996), also die Weiterführung der menschlichen Anmaßung, die Krone der Schöpfung zu sein, zugespitzt auf die Situation von einer Eigenkreation, der KI, herausgefordert zu werden. Entsprechend der philosophischen Theorie moralischer Stammesgemeinschaften lässt sich die Maschinen- und KI-Debatte also als Unterscheidung von Uns und Ihnen beschreiben, zwei moralische Stämme, die in ihrer archaischen Stammeszuschreibung durch die gegenseitige Differenz definiert sind. Gleichwohl gäbe es dabei die Möglichkeit, dass sich die Stämme im Vernunftmodus über das Stammesdenken hinweg definieren und zur gemeinsamen Lösungsfindung zusammenfinden könnten (SEELE 2018b).

Den Dialog-Test auf der Zeit-, Erinnerungs- und Bewusstseinsphilosophie Augustins aufzubauen, war im Nachhinein hoffnungslos optimistisch. Soweit ist man wirklich noch lange nicht. Den auch hier festgestellten Graben zwischen KI und Mensch hat Jochen Beyse (2017) in schönster poetischer Form sprachlich auf den Punkt gebracht: »Fremd wie das Licht in den Träumen der Menschen«.

DRITTER TEIL: 5 THESEN ZUR MASCHINISIERUNG DES MENSCHEN UND DIE THEORIE DER DOPPELTEN KONVERGENZ DER INTELLIGENZ

Wie nun lassen sich diese oben geführten Dialoge in eine konzeptionelle Beschreibung der Gegenwart übersetzen – gerade im gegenwärtigen Zustand einer »schwindelerregenden Gesellschaft« (BESCHORNER 2019), die durch eine Trübung der Wahrnehmung von Wahrheiten und Fakten auch und gerade durch die Digitalisierung gekennzeichnet ist? Gegenüber früheren Loebner-Preisträgern vergangener Kinderjahre der KI ist durchaus ein Fortschritt zu erkennen: Dieser Fortschritt ließe sich in die Zukunft extrapolieren und es wäre also mit weiteren Fortschritten in der Entwicklung künstlicher Intelligenzen zu rechnen. Ob aber jemals eine KI im Sinne der Singularität erreicht wird oder ob sie sich – mathematisch ausgedrückt – nur asymptotisch annähert, bleibt abzuwarten.

Man könnte das Thema jedoch perspektivisch umkehren und von den Maschinen zu den Menschen als Untersuchungsgegenstand wechseln. Da der eigentliche Ertrag dieser hier vorliegenden Studie jedoch nicht von der KI, sondern von den Menschen handelt, ist die Frage eher, ob nicht gleichzeitig zur Verbesserung der KI-Funktionalität eine Veränderung auch der menschlichen Intelligenz, der Kohlenstoff-Intelligenz einhergeht: Die These lautet, dass sich menschliche Kommunikation, die sich zunehmend im Digitalen abspielt, den Automatismen und Stanzen der Algorithmen annähert. Dies ist die These einer ›doppelten Konvergenz der Intelligenz‹.

Gemeint sind Maschinen und Algorithmen, die immer besser automatisiert sind und ›intelligent‹ werden. Und Menschen, die immer mehr in digitalen Ökosystemen unterwegs sind, dabei zu Datenpunkten werden, die überwacht, ausgelesen und angestubst werden – und dabei vielfach die Stanzenhaftigkeit der automatisierten Intelligenz der Algorithmen übernehmen – oder in die Stanzenhaftigkeit der Algorithmen gedrängt werden durch Standardisierung. Insofern hätten wir es also mit einer doppelten Konvergenz der Intelligenz zu tun. Davon soll in diesem theoriebildenden Teil der Studie die Rede sein, wenn das kritische Denken (SEELE 2018c) des Menschen zum Angelpunkt ethischer Reflexion wird.

Als Beispiel für diese ›doppelte Konvergenz der Intelligenz‹ sollen uns die Chatbots abermals zur Verdeutlichung dienen.

Mit Blick auf die oben dokumentierten Dialoge darf man wohl sagen, dass Rose und Mitsuku durch ihre sich zeigenden Persönlichkeiten durchaus geheimnisvoll sind. Sie geben etwas von sich preis, aber sie kultivieren auch ihre Geheimnisse. Man könnte sagen, Rose sei geheimniskrämerisch, wenn es um gewisse Themen geht. Als Beispiel mag die Frage an den Chatbot dienen (Kapitel: Introduction to each other), ob sich Rose als Person verstehen würde. Ihre Antwort, aller Voraussicht nach eine Antwort auf genau diese zu antizipierende Frage, lautete: »Rose: I might. Or I might not. Depends on how I feel at the time.« Könnte sein, könnte nicht sein. Die Frage wird also ins Ambivalente gedreht, also nicht beantwortet. Dem entgegen wird der Schauplatz ›intelligent‹ gewechselt und die Antwort erscheint als abhängig von dem jeweiligen ›Gefühl‹. Eine Leerstelle (Person) wird also mit einer dynamischen anderen Leerstelle (Gefühl) gefüllt, bleibt also leer.

An dieser Stelle kann man rückfragen, ob dies an der ›Persönlichkeit‹ der KI liegt oder ob dies vielmehr eine elegant programmierte Entschuldigung dafür ist, dass sich die KI zu vielen Themen nicht äußert – oder äußern kann – oder äußern will und deshalb einige höfliche Ausweichphrasen nutzt.

Abbildung 1
5 Thesen zum KI-Rausch und der Maschinisierung des Menschen

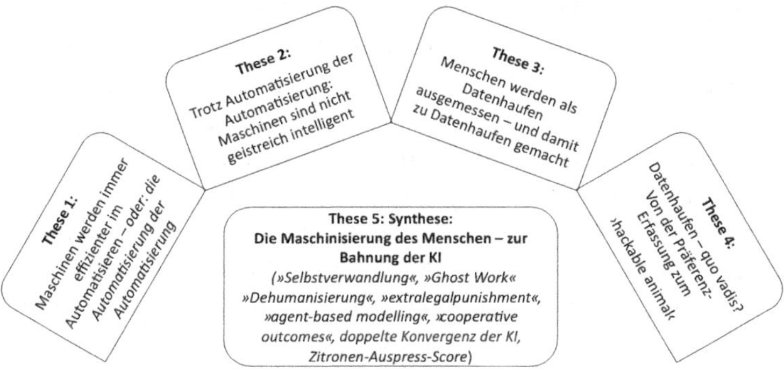

Aber wäre das nicht auch menschlich? Wer kennt sie nicht, die kleinen Ausflüchte und Präferenzverfälschungen, die es uns ermöglichen, einer Frage aus dem Weg zu gehen und ein heikles Thema zu umschiffen? Und sind diese ›Tricks‹ nicht gerade auch antrainiert und erlernt? Man wird (im besten Fall in offenen Gesellschaften) erzogen, immer zu antworten und die Wahrheit zu sagen. Doch im sozialen Miteinander ist die präzise Auslassung und elegante Umschiffung gerade das Schmiermittel, das Konflikte erträglich machen kann.

Die These der doppelten Konvergenz der Intelligenz wäre also Schritt für Schritt zu entwickeln. Dies geschieht in diesem theoriebildenden Kapitel anhand von fünf Thesen, die der Anschaulichkeit halber in Abbildung 1 grafisch zusammengefasst sind.

These 1: Die Maschinen werden immer effizienter im Automatisieren – oder: die Automatisierung der Automatisierung

So medienpräsent und zukunftstrunken, wie das Goldrauschthema ›künstliche Intelligenz‹ breite Diskussionen und Fragestellungen provoziert und befeuert, so irreführend ist doch zumindest noch heute der Begriff: Denn das, was dort so leichtfertig ›Intelligenz‹ und dies auch noch ›künstlich erschaffene‹ genannt wird, ist zunächst nichts anderes als technische Automatisierung. Automatisierung bedeutet eine rechenbare Struktur von Wenn-dann-Regeln. Die grundlegende Funktionsweise eines Algorithmus ist dabei eine Regelbefolgung, die sich als Steuerbefehl ausdrücken lässt. *Wenn X, dann Y* ist die Grundstruktur. Die waghalsige Zuschreibung ist dabei, dass die verbesserte Automatisierung von Kommunikation, die auf Wahrscheinlichkeiten von Treffern zu verschlagworteten Wenn-dann-Regeln beruht, als Intelligenz angesehen – oder zumindest bezeichnet wird.

Digitalisierung bedeutet zunächst Automatisierung von einzelnen Datenpunkten und ihre ergebnisorientierte Verknüpfung. Die sprichwörtliche Nadel im Heuhaufen, die der Scheunenbesucher stunden- und wochenlang sucht, wird (wenn das Heu digital erfasst und vermessen wird) zu einer Landschaft, in welcher jeder Datenpunkt in minimaler Zeit ansteuerbar ist, da er als Einzelpunkt (*digit*) identifizierbar ist. Hypertext statt Textur. Automatisierte Suchregeln im Hypertext statt chronologisches Lesen oder Stochern im Heu. Wir haben es mit der Gleichzeitigkeit aller Orte zu tun, die das Unsichtbare (Nadel) im Ewiggleichen (Heu) ersetzt. Die Automatisierung der Suche ist dabei dasjenige, was den Unterschied macht. Mit verbesserter Rechengeschwindigkeit werden Heuschober durch digitale Automatisierung auf einmal zu Nahfelderkundigungen, wo ein Selektor (hier: Metallnadel in ähnlich aussehenden Heufasern) zur sofortigen Identifikation und Lokalisation des entsprechenden Suchobjekts wird. Dass das nicht dumm ist, mag eine intuitive Erklärung dafür sein, dass sich der Begriff der Intelligenz für Maschinen eingebürgert hat. Wobei diese Zuschreibung in erster Linie der Leistungsfähigkeit von Rechenkapazität für strukturierte und unstrukturierte Daten zu verdanken ist, die wiederum das vergleichsweise effiziente Ergebnis hervorbringt, das wir als künstliche Intelligenz wahrnehmen können.

Die Automatisierung von standardisierten Rechenoperationen ist dabei das Effizienzwunder im Vergleich zum analog denkenden und handelnden Menschen. Der Schritt, der bei KI der ausschlaggebende ist, ist das maschinelle Lernen, also das Aneignen von Lern- und Lehrverbesserungen aufgrund von durchgeführten Operationen. Dabei haben wir es mit der Automatisierung der Automatisierung zu tun, die das eigenständige Lernen von Algorithmen umfasst. Eine Metaregel ist dabei das Erlernen, da es über den Kontext der standardisierten aber singulären Anfrage und Problemlösungsstrategie hinausweist und die Verbesserung aufgrund des Erfolgs von Vergangenem beabsichtigt und verfolgt. Wer das Lernen lernt, lernt wie er Strategien auf zukünftige Herausforderungen suchen und finden kann. Die Fachliteratur nennt dieses Prinzip »automated self-exploration and qualification« von Maschinenverhalten (ROEHR et al. 2019).

Die alleinige Wiederholung von bestehenden Fragen und Aufgaben kann dies nicht, gleichwohl diese Form der Automatisierung bereits sehr leistungsfähig ist.

Die Frage jedoch bleibt, inwieweit die Automatisierung der Automatisierung dem nahekommt – oder es gar übertrumpft –, was wir ›menschliche Intelligenz‹ zu nennen gewöhnt sind.

Die technische Grundlage ist geschaffen und das Lernen zu lernen ist in der Geschichte der KI die wichtigste Errungenschaft. Doch das Lernen verläuft auch beim Menschen nicht linear, sondern entlang von Entwicklungsstufen oder kulturanthropologisch ausgedrückt, entlang von Schwellen und Übergangsriten. Der Grundstein für ein außergewöhnliches Lernen scheint gleichwohl gelegt, auch wenn die Ergebnisse noch weit von dem entfernt sind, was wir ›Lernen‹ oder gar ›Intelligenz‹ nennen würden.

These 2: Trotz Automatisierung der Automatisierung: Die Maschinen sind nicht geistreich intelligent

Es heißt: Der Geist weht, wo er will. Nur wenn er nicht weht, da er gar nicht wehen kann, kann er auch nichts wollen. Vor Wehen und Wollen steht die Existenz als Voraussetzung. Insofern bewegt er sich nur dort, wo ihn die Automatisierung hingeregelt hat.

Soweit die gegenwärtige Beschreibung der KI. Gleichwohl ›bewegt‹ sich etwas, auch wenn es nicht notwendig ›geistig‹ im Sinne von ›Geisteswissenschaften‹ oder Bewusstsein wäre.

Um die bestehende Leistungsfähigkeit zu verdeutlichen, kann man folgendes Beispiel zur Automatisierung – und ihrer gravierenden Konsequenzen für standardisierbare Tätigkeiten – anführen: Datenbasierte Automatisierung führt zum Verlust von unzähligen Arbeitsplätzen, denn die Standardisierung ermöglicht eine Art von Kontrolle und Detailtiefe, die sich erst digital entfalten kann, das heißt durch eindeutig definierte, digitale Datenpunkte. So wie der Klavierspieler im Kino durch die Einführung der Tonspur seine Arbeit verlor, so werden unzählige repetitive Standardarbeiten wegfallen können: in Sekretariaten, bei Ticketkontrollen, an Supermarktkassen oder in Reisebüros auf der organisationalen Seite, bei der Arbeit am Fließband, beim Rasenmähen oder bei Maurerarbeiten auf der Seite der roboterunterstützten

Herstellung. Das folgende Beispiel verdeutlicht anschaulich die enorme Effizienz dieser Automatisierung und zeigt zugleich, wie wenig Intelligenz im kreativen, geistigen Sinne erforderlich ist, wenn man die analoge Welt digitalisiert in strukturierten Daten erfasst und somit standardisierbar und automatisch verarbeitbar macht. Es geht also um Kontrolle und viele Tätigkeiten, die von Kontrolle geprägt sind, die durch Algorithmen wegfallen. Gegenwärtig zum Beispiel der Beruf des Fahrkartenkontrolleurs in der Bahn. Die Deutsche Bahn bietet den »Komfort Check-In« an für Reisende, die ein elektronisches Ticket erworben haben. Zu dem zunächst ergänzenden Service heißt es: »Mit dem Komfort Check-In führen Sie eigenständig ihre Ticketkontrolle durch. Denn Sie bestätigen über die App ›DB Navigator‹, dass sie Ihren Sitzplatz erreicht und ein gültiges Ticket haben. Der Zugbegleiter wird über Ihren Check-in informiert, so dass er sie nicht mehr kontrolliert. Auch bei Personalwechsel entfällt die Kontrolle«.

Das ist keine Hexerei, sondern Zeugnis der automatischen Verknüpfung von Datenpunkten entlang eines Entscheidungsbaums: Wie geht das? Es gibt also den Datenpunkt *bezahlter Sitzplatz* für einen definierten Sitzplatz in einem Zug auf einer bestimmten *Strecke* an einem bestimmten *Tag*. Zusammengefasst sind diese Datenpunkte sowohl für den Kunden wie das Unternehmen auf dem personalisierten und zuggebundenen Ticket, die Basis, auf der auch die Information enthalten ist, dass die Dienstleistung zu einem *Preis x* bezahlt wurde. Soweit der Prozess, in den der Kontrolleur nicht mehr eingreifen braucht, sodass der Passagier ungestört bleibt und dennoch kontrolliert wird. Der Kontrolleur wird also zur Instanz, die die Abweichung vom Datenpunkt-Verknüpfungsprozess kontrolliert.

Der nächste Schritt in der Automatisierung, bei der es dann auch keinen Kontrolleur mehr bräuchte, wäre dabei das sensorgesteuerte Erfassen, dass der reservierte Sitzplatz besetzt ist – oder noch einen Schritt weiter – eine Nahfeld-Identifikation zum

Beispiel durch das Mobiltelefon oder eines Tages durch einen unter der Haut implantierten Chip. Wahrscheinlich ist es dabei jedoch eher so, dass die beiden letzten Schritte übersprungen werden können durch biometrische Erfassung der Fahrgäste im Waggon. Die Kameras dafür sind ja in fast allen Zügen bereits installiert und Kollege KI kann somit auf einen Blick jedweden Fahrgast erfassen und kontrollieren, irgendwann dann auch sofort das Bußgeld fürs Schwarzfahren aufbrummen oder noch wahrscheinlicher: Wir bezahlen durch die biometrische Erfassung beim Ein- und Aussteigen automatisch und bekommen eine Quittung per Textnachricht zugestellt.

Dieser sogenannte »Überwachungskapitalismus« (ZUBOFF 2018) oder besser »Neo-Feudalismus« (WELZER 2017: 85) geht also nicht nur in Richtung Überwachung als Erosion der Privatsphäre (SEELE/ZAPF 2017), sondern auch in Richtung effizienter Kontroll-Dienstleistung, die zur Streichung bestehender Kontrollen durch Menschenhand verleitet – und auch aus betriebswirtschaftlicher Sicht im freien Spiel der Marktkräfte aufgezwungen wird. Die auf diesem Gebiet führende Technologie bietet das Unternehmen Palantir an, das unter anderem auch bei der Überwachung »einfacher Mitarbeiter« bei der internationalen Bank Credit Suisse verwendet wird. Unter der plakativen Überschrift »Leibwächter für den CEO, E-Mail Überwachung für die Angestellten« wird der CEO Thiam zitiert mit den Worten: »I love our partnership with Palantir« (SCHLITTLER 2019), offiziell zur Verstärkung von Compliance Bemühungen. Effektiv wird mit Palantirs KIs ein exaktes Abbild der Bildschirmtätigkeit der Mitarbeitenden angefertigt. Schöne neue Welt der KI.

Dieser Effizienz-Automatisierung steht die Automatisierung der Automatisierung gegenüber, die potenziell in der Lage ist, eigenständig dazuzulernen, also im Sinne der eingangs verwandten Allegorie, eine eigen-induzierte Richtung zu ermitteln, wohin Aktivitäten kanalisiert werden. Es gilt also: *Die KI weht, wo das automatisierte Lernen sie hinweht.* Von Wille (sei er nun frei oder unfrei) wäre da noch keine Rede.

Diese Automatisierung der Automatisierung hat in gegenwärtiger Anschauung und insbesondere mit den beiden hier ›interviewten‹ Loebner-Preis prämierten Chatbots noch keine Dimensionen erreicht, die wir im Ernst ›intelligent‹ nennen könnten.

Allein der Begriff ›Interview‹ zeigt bereits, wo das Problem liegt: Für das sich dialogisch entfaltende ›dazwischen‹ (lat. *inter* = zwischen), braucht es zunächst zwei Positionen, also Standpunkte, von denen aus man einen Blick (engl. *view* = Ausblick) entwickeln kann, der iterativ-dialogisch weiterentwickelt werden kann. Soweit die gängige Auffassung von *Interview.* Vielleicht umfasst das englische Wort ›*chat*‹ genau diese Differenz? Chatbot: ja. Interview-Bot? Im geistig aktiven Sinne eher nicht.

Wobei man schon kritisch anmerken muss: Wer Interviews mit Glanz- und Gloria-Berühmtheiten zur Bewerbung von Produkten liest, sieht sehr wohl die stanzenhaften Automatismen, die auch Roboter übernehmen könnten. Fußballer-Interviews nach dem Spiel sind in den meisten Fällen auch kommerziell schadlos rundgeschliffen nach ausführlicher PR-Massierung (Ausnahmen aus der PR-immunen Kühltonne, wie dies bei dem legendären Weltmeisterschafts-Interview mit Per Mertesacker der Fall war, bestätigen die Regel).

Der korrekte Begriff wäre deshalb statt ›künstlicher Intelligenz‹ der des maschinellen Lernens.

Also nochmals: Der Begriff ›KI‹ ist eine Anmaßung – aus Sicht einer Schöpfer- und Schöpfungsperspektive. Diese Anmaßung ist aber in erster Linie eine Aufhübschung und Übersteigerung, um stärkeres Interesse bei Kunden und Geldgebern zu provozieren. Die oben erwähnte Gründungskonferenz 1956 am Darthmouth College hat sich genau diesen Übertreibungseffekt nutzbar gemacht, um Forschungsgelder zu akquirieren. Dies ist menschlich allzu menschlich und Klappern gehört bekanntlich zum Geschäft.

Wo das eigenständige Lernen der Algorithmen die Verheißung auf zukünftige Intelligenz in Aussicht stellt, ist die gegenwärtige Lage also eine unsachgemäße Übertreibung. Einige gehen sogar hart ins Gericht mit der KI und ihren bisherigen Repräsentanten: Schönleben (2017) schreibt etwa in der deutschsprachigen *Wired*:

> »Humanoide Roboter sind nicht mehr als ein Partygag. Sie machen künstliche Intelligenz zur Lachnummer. Je öfter aber Konzerne wehrlose rollende Katzenroboter oder Peppers auf Messen karren, desto weniger werden Menschen diese Zukunft ernst nehmen« (SCHÖNLEBEN 2017: 40).

Diese starke Kritik richtet sich zunächst nur auf das Segment der putzigen Grinse-Roboter mit KI in Form eines Tablet-Computers auf dem nachgeformten Brustkorb. Die Diskussion oben zum ›unheimlichen Tal‹ (*uncanny valley*) adressiert diesen Negativeffekt der annähernden Ähnlichkeit, ohne ebenbürtig zu sein, als unheimlich oder geisterhaft. Wenn in einem Hotel oder auf einem Flughafen diese kleinen automatischen Rollkoffer mit Tablet auf dem Bauch und Kindchenschema-Augen parat stehen, so machen sie einmal mehr nichts anderes, als standardisierte Datenpunkte automatisiert zu sortieren und so Auskunft zu geben, wo welcher Flieger abfliegt oder wie lange man zum Gate braucht. Dies ist Statistik, sicher höhere, aber keine geistreiche Intelligenz.

Wenn wir also von geistreicher künstlicher Intelligenz sprechen, dann ist dies spekulative Zukunftsmusik. Wenn sich also KI-Veteran J. Schmidhuber vorstellen mag, wie eines Tages KI die Erde verlässt und den Weltraum bevölkert, dann ist das Fiction, noch nicht einmal Science-Fiction (wobei ›bevölkert‹ vielleicht noch nicht der richtige Begriff ist). ›Kolonialisiert‹ wäre wohl innerhalb der Vision der am ehesten treffende Begriff, wenn es um zusätzliche Ressourcen geht, die auf der Erde nicht mehr zur Verfügung stehen. Aber das ist Interview-Fantasie, die gewiss eine wichtige motivationale Rolle spielt und abermals Forschungsbudgets gewinnen mag. Der

Stanley-Kubrik/ Steven-Spielberg-Film *AI* zeigt gegen Ende in einer fernen Zukunft eine KI-Bevölkerung der Erde nach der Menschenzeit. Stand heute jedoch gilt es festzuhalten, dass die Maschinen, KIs, Chatbots und humanoide Roboter keineswegs intelligent im Sinne einer Bewusstseinsausbildung, dialogischer Kreativität oder Identität und eigenständiger Urteilskraft wären.

These 3: Menschen werden als Datenhaufen ausgemessen – und damit zu Datenhaufen

Soweit die beiden Anfangsthesen zur Herleitung und Einschätzung der aktuellen künstlichen Intelligenz. Diese beiden Thesen sind eher im Sinne einer Zusammenfassung zu sehen, weniger als Produktion einer neuen Erkenntnis. Sie sind jedoch insofern erforderlich, als sie die eigentliche These, die der doppelten Konvergenz der Intelligenz und der Maschinisierung des Menschen vorbereiten: Die Konvergenzbewegung ist nicht nur die lernende künstliche Intelligenz, die Automatisierung der Automatisierung, die eines Tages über die Schwelle der Wenn-dann-Logik hinauswachsen könnte. Konvergenz steht für eine von beiden Seiten gleichzeitig zusammenlaufende Bewegung von Maschine und Mensch.

Damit verschiebt sich der Themenfokus: von der KI zur menschlichen Intelligenz und ihrer Fortschreibung mit und durch die Digitalisierung. Die hier vertretene These lautet, dass sich auch die menschliche Intelligenz durch das Aufkommen von KI, Algorithmen und Digitalisierung mitverändert, indem der Mensch stärker und tiefer in die Standardisierungslogik der Digitalisierung hineingezogen wird: Was wir denken, schreiben, kommunizieren, wie wir arbeiten oder handeln, wird zunehmend in standardisierte Raster gepresst, dabei in Datenpunkte übersetzt und wird somit automatisiert verwertet.

Diese These möchte ich anhand einiger Beispiele untersuchen, die über das skandalisierende der ›digitalen Demenz‹ (SPITZER 2012) hinausgehen und stattdessen auf die Organisation von Prozessen und von Kommunikation abzielen.

Gescriptete Kommunikation: In der Mensch-zu-Mensch-Kommunikation halten gerade in professionellen und kommerziellen Zusammenhängen zunehmend standardisierte Gesprächsleitfäden Einzug. Wer zum Beispiel bei einer Beratungshotline eines Unternehmens anruft – wenn er es noch mit menschlichen Callcenter-Mitarbeitern und nicht mit Avataren zu tun hat – und mit einem Mitarbeiter verbunden wird, wird häufig feststellen, dass die Kommunikation entlang von Leitfäden erfolgt. Wird es gar kontrovers, werden Standardsätze wiederholt, die deeskalierend wirken können oder sollen, aber nicht mehr von den Interessen der sprechenden Personen geleitet sind, sondern von dem Interesse der dahinterstehenden juristischen Person, also dem Unternehmen.

Avatare können bei Callcentern bereits standardisierte Beratungsgespräche mit einfachen Abfragen oder Änderungen übernehmen. Mit genügend Daten und aufwendig programmierten Algorithmen lässt sich so die Zahl der automatisiert bearbeitbaren Anfragen erhöhen. Dann, wenn allerdings Unvorhergesehenes – oder gar Emotionen – ins Spiel kommt, reicht die reine Automatisierungs-Standardisierung nicht mehr aus. Und dies gilt für Avatare wie für menschliche Mitarbeiter, wenn das Protokoll verlassen wird. Wenn man es auf die Spitze treibt, kann man feststellen, dass es – das Überwachungspanoptikum ist auch für Mitarbeitende unumgänglich – offenbar eine legitime Exit-Option aus dem Gespräch gibt.

Automatische E-Mail-Antworten: Wo Gesprächsleitfäden einschließlich Verästelungen und Verschlaufungen noch das kommunikative Gegenüber betreffen, da wird die Konvergenz der Intelligenzen von Unternehmen wie Google noch weiter getrieben. Google, bekannt dafür, einen besonders scharfen Blick über die Schulter der Nutzer zu werfen, liest also ein- und ausgehende E-Mails bei Verwendung des E-Mail-Dienstes Gmail mit. Da die Texte häufig wiederkehrende Koordinationsanliegen transportieren (Verabredungen, Anfragen oder gute Wünsche), liest der Algorithmus diese Wesenhaftigkeit der Anfrage mit und heraus und schlägt dem zeitlich herausgeforderten Leser präfigurierte Antwortstanzen vor. Selbst bei weniger zielorientierten Kommunikationen schlägt die Software vor: »Thanks, I will check it out«, »Looks very interesting« und »Very interesting read«.

Ein Kollege, der kurz schreibt, dass man in seinem Forschungsprojekt mitwirken möge, schreibt eine E-Mail ohne nähere Informationen zum Projekt, nur mit einem Link zur Plattform der EU-Forschungseinheit, bei der man sich anmelden möge. Google schlägt vor: »Accepted«, »Done« oder »I accept the proposal«. Das bemerkenswerte an der etwas forschen Anfrage nach der Mitwirkung des Kollegen ist, dass die Möglichkeit, nicht mitzuwirken von Google gar nicht antizipiert wurde. Aber eine Absage zwischen Menschen formuliert man ohnehin besser ausführlich und persönlich.

Standardisierung von Gefühlen und Stimmungen: Auch hier ist bereits die nächste Stufe absehbar. Denn reine Stanzen, die auf Fragen mit vorhersehbaren Antworten wie ›Ja‹ oder ›Nein‹, ›Danke‹ oder ›Bitte‹ reagieren, sind noch in der einfachen Sphäre der Automatisierung zu verorten. Die lohnenderen Jagdgründe sind die Gefühle der Menschen, welche der Algorithmus im Bemühen seiner Automatisierung der Automatisierung erlernen möchte. Was mit dem einfachen Smiley ☺ begann, der dem Schema ›Punkt Punkt (ohne Komma) Strich, fertig ist das Mondgesicht‹ folgte, ist nun eine hochkomplexe Abbildung emotionaler Zustände einschließlich der Codierung von Geschlecht, Hautfarbe oder Nation geworden. So bietet Skype im November 2018 allein 94 Emoticons (Ableger des Smileys) an, dazu neun Thanksgiving-Emoticon-Derivate, 37 Handgesten, 126 stilisierte ›People‹ einschließlich Filmhelden aus *Star Wars*, 56 Tiere, 109 Objekte und 247 Länderflaggen und zudem gibt es noch 20 ›Mojis‹, die als Kurzvideo animierte Gefühle wie »Miss you«, »Flirting« oder »in love« symbolisieren.

Dies sind in der Summe 698 Gefühls- und Identitätssymbole (Stand 22. November 2018), über die nicht nur die Kommunikationsplattform und das dahinterstehende Unternehmen Microsoft den Nutzer besser kennenlernt. Es dient gewiss auch dem Lernen der Automatisierung der Automatisierung, damit der Algorithmus über die unzähligen Emotions-Bekundungen menschlicher Kommunikation auf Digitalplattformen selber lernen kann, was wann von einer Mehrheit der Menschen in welchem Kontext emotional kommuniziert wird. Gleichzeitig lernt das Unternehmen durch die KIs die parametrischen Charaktereigenschaften einer Person. Dazu zählen Stimmungen, Nation, Hautfarbe, Geschlecht, kulturelle Vorlieben etc.

Diese Alltagsbeobachtungen sind durch Ergebnisse der Forschung unterstützbar. In der Forschungsliteratur sprechen van der Meulen und Bruinsma (2018) von »Man as ›aggregate of data‹«, was sich mit ›der Mensch als Ansammlung von Daten‹ oder frei übersetzt als ›Datenhaufen‹ verstehen ließe.

Datenhaufen und Dataviduen: Die Ganzheit des Menschen, wenn man diese in bester romantischer Tradition annehmen möchte, wird ersetzt und unterteilt in digital eindeutig ausmessbare Datenpunkte und wir werden zu jenen Parallelwesen aus Daten, von denen exakte Kopien unseres Selbst *Auf der Rückseite der Cloud* (SEELE/ZAPF 2017) gespeichert sind. Doch unser digitales Double schlummert dort nicht nur. Dank Vorhersage-Algorithmen werden die von uns gespeicherten Datenpakete, die unser digitales Double zusammensetzen, befragt und ausgewertet. So lassen sich Meinungen und Ansichten aufgrund von Wahrscheinlichkeiten modellieren – und nicht nur das: Sie lassen sich auch manipulieren. Einen Eindruck davon hat der Roman *Quality Land* (KLING 2017) vermittelt und die Wahlmanipulationen rund um den Cambridge-Analytica-Skandal haben gezeigt, dass wir es nicht mit Science-Fiction zu tun haben.

Wir sind der Datenhaufen, den die KI zum Ausgang nimmt. Van der Meulen und Bruinsma weisen deshalb zurecht darauf hin, dass die ›ontologische Differenz‹ zwischen künstlicher und menschlicher Intelligenz bestehen bleibt. Dies haben ja auch die Dialog-Experimente mit Rose und Mitsuku gezeigt. Um den immer stärker werdenden, Daten-getriebenen Computern unter Beibehaltung dieser ontologischen Differenz gerecht zu werden, schlagen sie den Übergang vom Individuum zum »Dataviduum« vor (VAN DER MEULEN/BRUINSMA 2018: 3). Diese Unterscheidung ist sinnvoll, schärft sie doch die Begriffe für menschliche Kohlenstoff-Intelligenz, sagt aber noch nichts über das Vorhandensein einer KI aus. Denn die eigentliche Veränderung, die noch weitestgehend unerkannt im KI-Goldrausch geschieht, ist die Transformation der Menschen hin zu Datenhaufen, zu Dataviduen und digitalen Personen parallel zur Kohlenstoff-Person. Damit wird die Hauptthese dieser Studie, die doppelte Konvergenz der Intelligenz und die Maschinisierung des Menschen, erst ermöglicht, so Menschenleben analytisch in die Datenpunktstruktur von digitalen Intelligenzen übersetzt werden. Die Konsequenz für die Konvergenz ist auch jene, dass die Annäherung von beiden Seiten geschieht. Mit dramatischen Folgen, da die Standardisierung und Automatisierung schon seit Jahrzehnten – auch ohne KI – durch internationale Organisationen und weltweite Standards im Gange ist.

Standardisierung und Automatisierung am Beispiel Medizinsystem: Ein Beispiel, das wohl jeden Menschen betrifft, ist das Medizinsystem, das durch Standardisierung und Automatismen bereits erhebliche Fortschritte gemacht hat, was die Anwendung des Wissensstandes angeht. Diese Standardisierung führte jedoch gleichzeitig zu Kostensenkungsmöglichkeiten: Einzelne Krankengeschichten werden in Fälle übersetzt und Fälle in Fallkostenpauschalen. Behandlungen erfolgen im Rahmen dieser Pauschalen entlang von standardisierten Diagnose- und (pharmazeutischen) Therapieverfahren zu Standardpreisen.

Dies ist wohlgemerkt die Kritik der im Überfluss Lebenden und als solche als Klagen auf hohem Niveau zu verstehen. Ganz klar profitieren durch Standardisierung und Automatismen der Behandlung gerade diejenigen, die sich eine aufwendige Individualbetreuung nicht leisten können, insbesondere in jenen Ländern, wo die Ausbildung noch nicht auf dem höchsten Niveau ist. Es liegt also fern, diese technologisch bedingten Veränderungen einer normativen Bewertung zu unterziehen. Im Kern jedoch lässt sich der Wandel etwas zugespitzt folgendermaßen beschreiben:

Das (Schul-)Medizinsystem besteht zunehmend aus Standard-Apparaten, die Werte des Organismus auf bestehende Standards hin messen und bei Abweichung Standardkrankheitsbildern zuschreiben, die Standardmedikamentationen oder Standardverfahren entlang von nationalen oder internationalen Standards für standardisierte Krankheiten nach sich ziehen. Der Arzt verwandelt sich dabei vom ›Halbgott in Weiß‹ zum Standard-Verwalter im 7-Minuten-Takt. Die High-Tech-Unternehmen und die Pharmaunternehmen im System der Schulmedizin wird es freuen, die Angehörigen der sogenannten ›Alternativmedizin‹ und spiritueller Esoterik ebenso, denn der Zulauf zu teils windigen Angeboten ist offenbar umso größer, je technizistischer und automatisierter die Behandlung der Sorgen und Nöte sind. Die (Landes-)Kirchen spielen bei der Sorge um Leib und Seele auch nur noch eine Rolle unter vielen anderen Kontingenzmanagement-Anbietern auf dem Markt der Sinnstiftungsangebote.

Der ›gemeine‹ Mensch fügt sich dem Datenapparat und lässt sich freiwillig und gelockt mit gratis Leistungen wie Umsonst-E-Mail zur Erfassung der Einkommens- und Steuerdaten, Landkarten zur Kartografierung der räumlichen Beziehungen, sozialen Medien zur Präferenzabklärung und Zwitscher-Infrastrukturen zur Reaktionseinschätzung auslesen wie ein geschlachtetes Vieh, dessen

Filetstücke an Daten genutzt und vermarktet werden – der Rest wird an die anderen Cookies im Schweineeimer der Gratiskommunikation rezykliert.

These 4: Datenhaufen – quo vadis? Von der Präferenz-Erfassung zum ›*hackable animal*‹

Der wandelnde Datenhaufen, zu dem wir Menschen zunehmend werden, wird immer mehr zu uns selbst: Statt des ›*Erkenne Dich selbst*‹ des antiken Orakels von Delphi müsste es heißen: ›*Lass dich erkennen von den KIs auf der Rückseite der Cloud, dann sagen wir dir, was du konsumieren und wählen sollst – kurz: wer du bist*‹. Deshalb ist dies der Punkt, wo wir die instrumentelle Dimension der Kommerzialisierung einbeziehen sollten:

Von der Domestikation zur Ökonomisierung: Die immer anspruchsvollere und ausgereiftere Datenerhebung, welche für die Entwicklung von KI verwendet wird, lässt Mensch und Maschine ähnlicher zueinander werden. Dies betrifft die Datenproduktion, Kommunikation und Leistungsbewertung insgesamt. Diese Tendenz hat der Philosoph Kevin Liggieri die *Domestikation des Menschen* genannt (LIGGIERI 2014).

In dem hier vorliegenden Buch wird der nächste Schritt der Domestikation angesprochen, die Ökonomisierung: Was als die Ökonomisierung aller Lebensbereiche mit der Liberalisierung der Wirtschaft seinen Anfang nahm, wird erst mit der digitalen Technologie in einer Weise umgesetzt, deren Engmaschigkeit und Rigorosität historisch ohne Vergleich ist. Die fundamentale ontologische Differenz zwischen KI und menschlicher Intelligenz wird davon zwar nicht berührt, aber die eigentliche Veränderung durch die KI ist die Transformation des Menschen oder genauer: dessen, was als menschlich betrachtet wird. Wurde in These 3 die Menschwerdung als Datenhaufen dargestellt, so müssen wir noch weitere Schritte denken, um der stattfindenden Veränderung gerecht zu werden. Je mehr der Mensch zum Datenhaufen wird, desto auslesbarer wird er. So die vorangegangene These. Nun lässt sich darauf aufbauen: Je auslesbarer der Mensch wird, desto besser lässt er sich überwachen und kontrollieren und damit steuern. Harari nennt den Menschen (etwas übertrieben) ein ›*hackable animal*‹ (HARARI 2019). Mit den auf digitalen Daten beruhenden Messungen und Auslesungen lässt sich zum Beispiel die Arbeit des Menschen spezifischer bewerten und erfassen.

Wir werden gläserner nicht nur in dem Maße, wie wir digitaler werden, sondern indem das, was wir tun, digitalen Mess- und Überprüfungslogiken folgt.

Auch hier sind wieder die Grundpfeiler der KI die eigentlichen Treiber: Standardisierung und Automatisierung. Was für Wissenschaftler zunehmend gilt, die Messbarkeit ihrer Arbeit in Zahlen von Impact, Zitation und eingeworbenen Drittmitteln (diese experimentelle Studie in Form eines deutschsprachigen Buchs ist freilich die gegen alle Opportunitäten laufende Gegenthese), gilt mehr und mehr für allgemein Berufliches, aber auch für Privates. Was S. Zuboff bereits 1984 (ZUBOFF 1984) am Beispiel der internen digitalen Teletext-Kommunikation in Unternehmen aufgezeigt hat, ist heute umso mehr Wirklichkeit geworden: die nahezu lückenlose Überwachung von Mitarbeitern in Betrieben, nicht nur durch Speichern der digitalen Spuren am Laptop, sondern auch von arbeitsbezogenen Leistungsdaten. War es noch ein Skandal, als bereits in den 1990er-Jahren Textilherstellern nachgewiesen wurde, dass die Produktionsprozesse in den Fabriken in Ostasien auf die Hundertstelsekunde gemessen und in Tabellenkalkulation erfasst und optimiert wurden, so ist die Messbarkeit heute weit über das Nachführen von Bearbeitungsschritten hinaus. Ein markantes Beispiel, um die These der rigorosen Leistungsüberwachung und -kontrolle aufzuzeigen, die auf Daten beruht, die von KI ausgewertet werden, ist das Internetunternehmen Amazon. So war Anfang 2018 zu lesen, dass das Unternehmen Amazon Überwachungsarmbänder hat patentieren lassen, die den menschlichen Mitarbeiter nicht nur zu einem laufenden Sensor machen, sondern anhand dieser Daten direkte Einflussnahme auf die Arbeit des Mitarbeiters ermöglichen.

Der erste Schritt (Datenerfassung anhand eines Armbandes) ist jedem, der ein Fitnesss-Armband nutzt, in Grundzügen bewusst. Wo Konsumenten freiwillig die Daten teilen, um sich besser über ihre Fitness (synonym für Messpunkte wie Puls oder Schritte) zu informieren und sich mit anderen auszutauschen, geht das Amazon-Band noch einen Schritt weiter: Dubois (2018) führt aus, dass Amazon ein Armband zum Patent angemeldet hat, das helfen soll, Fehler von Mitarbeitern, die beispielsweise im Lager Waren aus einem falschen Regal nehmen oder in ein falsches Regal legen, während der Arbeit festzustellen. Ziel ist es dabei, Fehler vor dem eigentlichen Auftreten des Fehlers per Signal zu ermitteln und dem betreffenden Mitarbeiter mitzuteilen:

> »Aus den Patenten geht hervor, dass die Armbänder die genauen Handbewegungen der Mitarbeiter durch Ultraschall- und Funktechnologie mitverfolgen können. Sortiert ein Mitarbeiter eine Ware in das falsche Regal ein, vibriert das Armband. Die Erfindung besteht also aus drei Teilen: den Armbändern, mit Ultraschallsensoren ausgestatteten Regalen und einer Überwachungseinheit« (DUBOIS 2018).

Was in der Polizeiarbeit erst in Grundzügen möglich ist, das *ex ante* Identifizieren von Straftaten durch *predictive policing*, wird also im Überwachungskapitalismus Wirklichkeit, um kostenintensive Fehler vorab zu verhindern.

Auch hier – wie in dem Beispiel weiter oben zur Fahrkartenkontrolle in Zügen anhand des automatischen Check-In – wird die Arbeit des Mitarbeiters anhand von Datenpunkten strukturiert, damit standardisiert und in der Ausführung automatisiert. Was als Innnovation zur Steigerung der Effizienz als Patent eingetragen ist, umfasst auch die Leistungsbeurteilung der Mitarbeitenden. Fehler werden nicht nur verhindert, noch bevor sie geschehen, man könnte sich auch einen Index oder Schwellenwert vorstellen, wie viele Fehler welcher Kategorie von menschlichen Mitarbeitern noch tolerabel wären. Thomas Köhler nennt dies den »programmierten Menschen« (KÖHLER 2012) und Kai Schlieter weist ebenfalls darauf hin, dass durch künstliche Intelligenz der Mensch berechnet und gesteuert wird, was zu einer grundsätzlichen Veränderung des Lebens führt (SCHLIETER 2015). Zugleich hätte man eine Benchmark, um das Austauschen der Mitarbeiter durch Roboter zu bewerten. Effizienz wäre die Rechenregel, an der sich die Robotik-Entwickler zu orientieren hätten, damit auch der Manager seinen Shareholder zufriedenstellen kann.

Wo Amazon hier die Speerspitze der Entwicklung darstellen dürfte, sind dieselben Prozesse doch schon auch heute in ähnlicher Form zunehmend im Gang. SAP, Microsoft Office oder IBM sind Unternehmen, die davon leben, anderen Unternehmen den Sprung in die digitale Welt zu ermöglichen. Sie tun dies, um Effizienzsteigerungen und Skaleneffekte zu heben, welche durch Standardisierung und Automatisierung darstellbar und erreichbar werden. Wer jemals eine Umstellung auf ein digitales Datenmanagement-System in einem Betrieb oder einer Behörde erlebt hat, kennt die strukturellen Veränderungen der Prozessoptimierung, die diese Unternehmen anbieten. Grundregel dabei ist: Alle Prozesse im Unternehmen sind in digitale Prozesse zu übersetzen. Dabei bleibt einiges an dynamischen Prozessen und Menschlichkeiten auf der Strecke und Arbeit wird rationalisiert, in dem jeder seine eigenen Daten verwaltet.

Die SAPisierung erschafft zunächst viele verschiedene Kästchen, in die etwas in standardisierter, digitaler Form einzutragen ist. So lassen sich sämtliche Leistungsdaten in bestehenden Taxonomien, Key Performance Indikatoren und Standardwerte übersetzen, die das definieren, was wir machen – und uns machen lassen, was von uns verlangt wird.

Auf freiwilliger Basis ist dieser Trend schon deutlich weiter fortgeschritten, nimmt man das Smartphone und seine Apps, die einzeln für sich genommen Daten einsammeln, die unser digitales Selbst darstellen. Diese Daten im Gegenzug werden von lernenden Algorithmen aufgegriffen und können zum Lernen und Anlernen einer KI verwendet werden. Je mehr die Algorithmen lernen, desto mehr, so Adrian Lobe (2019a), leben wir in einem »Datengefängnis« als ›hackable animal‹.

These 5: Synthese = Die Maschinisierung des Menschen – zur Bahnung der KI

Die Freuden
Es flattert um die Quelle
Die wechselnde Libelle,
Mich freut sie lange schon;
Bald dunkel und bald helle,
Wie der Chamäleon,
Bald roth, bald blau,
Bald blau, bald grün;
O daß ich in der Nähe
Doch ihre Farben sähe!
Sie schwirrt und schwebet, rastet nie!
Doch still, sie setzt sich an die Weiden.
Da hab' ich sie! Da hab' ich sie!
Und nun betracht' ich sie genau
Und seh' ein traurig dunkles Blau –
So geht es dir, Zergliedrer deiner Freuden!

Johann Wolfgang von Goethe: Die Freuden (zuerst 1769).

Die Übersetzung eines ganzen, mitunter schillernden Lebens in digitale Datenpunkte verändert nicht nur, wer und was wir sind, sondern bahnt vielmehr die Ermöglichung von KIs erst an – so die abschließende These. Voraussetzung dafür ist die fortschreitende Maschinisierung des Menschen.

Diese fünfte, die vier vorangehenden Thesen aufnehmende These von der Maschinisierung des Menschen, zeigt, wie sich die KI auf den Menschen zubewegt, wenn dieser immer mehr in seinem Datengefängnis lebt – die Maschine bewegt sich also auf den maschinisierten Menschen zu. Und umgekehrt. Wir haben es also mit einer doppelten Konvergenz der Intelligenzen zu tun.

So, wie die Maschinen besser und besser werden, Informationen zu sammeln und regelgebunden auszuwerten, so wird durch die Vorherrschaft digitaler Daten der Mensch mehr und mehr zu seinem digitalen Selbst, welches in der Summe einen Datenhaufen auf einem Raum-Zeit-Pfeil darstellt, der entlang dieses Vektors eine Reihe von Konsumentscheidungen trifft. Alle Datenpunkte dieser Ganzheit von Leben werden isoliert betrachtet, korreliert und aggregiert und bilden so ein summatives Selbst. Mit KI-Algorithmen, die standardisiert auswerten und dabei lernen, wird das digitale Selbst zu einer eigenen, neuen Menschengestalt, die mehr als die Summe ihrer Teile ist.

Die digitale Libelle

Datifizierung des schillernden Lebens: Im Rückgriff auf das Gedicht von Goethe[9] wird das Zergliederte des digitalen Datenhaufens

9 Goethes Gedicht *Die Freuden* ist eine frühe Form der Erkenntnis, was das wissenschaftlich-analytische Weltbild (etwa seines Zeitgenossen Newtons) für Auswirkungen auf die Geisteswelt hat. Zu Goethes Lehrgedichten und der Qualität des Wirklichkeitsempfindens siehe K. Seele 2008 über *Das geistige Band*.

neu zusammengesetzt und das digitale Selbst ist dann nicht nur die digitale Spiegelung des ausgemessenen, analogen Selbst, sondern – so die These – es nimmt eine eigene und damit abweichende Form an. So wie die Libelle in Goethes Gedicht in ihrer Vermessung das *Schillernde* und *Freudenhafte* verliert, so ist das digitale Selbst eine reduktionistische Spiegelung, ausgedrückt in analytische, also zergliederte Präferenzen, Entscheidungen und Vorhersagewahrscheinlichkeiten. Das Ganzheitliche des menschlichen Geistes – auch das Begeisternde – bleibt beim digitalen Selbst ein analytisches Puzzle aus Einzelteilen, sachlich dunkelblau und Gegenstand instrumentellen Datenmanagements.

Das obige Beispiel des Amazon-Patents für ein Arbeiter-Kontroll-Armband (vgl. These 4) ist ein anschauliches Beispiel für diesen zergliedernden, präzisen Blick auf das digitale Selbst als Datenhaufen eines analogen Selbst. So wird der Mensch vermessen und im nächsten Schritt optimiert nach einem Effizienzalgorithmus, also einer Regel, die Fehlervermeidung, Prozessoptimierung und Effizienz und schließlich Gewinnmarge aus den Einzeldaten vorhersagend gewinnen kann. Das Abstrakte eines menschlichen Fehlers oder einer Leistung wird zu einer spezifischen Raum-Zeit-Koordinate. Der vorhandene oder sogar erst noch zu begehende Fehler lässt sich isolieren – und somit quantifizieren. Die Leistung der menschlichen Arbeitskraft wird effizienter. Negativ formuliert: Der Mensch lässt sich effizienter ausbeuten (FRY 2019).

Die neue Sklaverei: Der Mensch wird durch sein digitales Selbst, durch sein Datenhaufen-Sein zur Steuergröße und zum Versprechen einer Ökonomisierung, die in dieser Messtiefe und existenziellen Durchdringung so noch nicht sichtbar, geschweige denn umsetzbar wurde. In einem philosophischen Grundsatzessay spricht Kœnig (2019) gar von der »neuen Sklaverei« des Menschen durch die künstliche Intelligenz. Diese neue Sklaverei führe zum Ende des Individuums, die nur durch die Wiederherstellung des Dateneigentums, wie es neben Kœnig auch schon Dirk Helbing (2015; HELBING et al. 2017) forderte, gebremst werden könne. Doch von diesen Idealforderungen des Dateneigentums sind wir gegenwärtig mindestens eine Utopie weit entfernt.

Die neue Realität des unrealistischen Modellreduktionismus der ökonomischen Theorie

Der zu Recht oft als unrealistisch gescholtene Modellreduktionismus der neoklassischen ökonomischen Theorie lebt durch die Datafizierung auf und wird durch das analytisch-modellhafte der menschlichen Datenhaufen kraftvoller in seiner Beschreibung – und erstmals realistisch wiedergeboren. Ein Phönix aus der Asche, der niemals verbrannt ist, sondern als Erfindung den Schritt von der theoretischen Modellierung in die praktische Steuerung vollzogen hat.

Wer sich den Schuh der Datifizierung arglos und beifällig durch die Nutzung von digitalen Angeboten wie Smartphones, Apps oder sozialer Medien anzieht, hat ihn damit fest an und steht, geht und fällt mit ihm. Das analytische Modell des digitalen Selbst wird real, da der Mensch durch die Vermessung des Digitalen selber zum reduktionistischen, analytisch auslesbaren Modell wird. Dieses digitale Selbst lässt sich nun trefflich ökonometrisch modellieren. Nur dass das Modell dann kein Modell mehr ist, sondern der neue, digitale Mensch; parametrisch erfasst durch den Datenhaufen und das digitale Selbst zur Realität geworden, die mit dem Modell übereinstimmt.

Wenn die Alchemisten Blei in Gold verwandeln wollten und wenn das schillernde analoge Leben das Gold ist und der digitale Datenhaufen das giftige Blei, dann ist den Digitalisierern der Traum der Alchemisten schließlich gelungen.

Vom *homo oeconomicus* zum *agent-based-modelling*

Die alte Frage nach der ökonomischen Rationalität des Menschen (*homo oeconomicus*) wird mit der digitalen Alchemie obsolet, da der Mensch als digitales Selbst zum ökonomisch steuerbaren Menschen wird – ungeachtet einer möglichen Vernunftbegabung und Rationalität. Es geht also nicht um die Frage, ob der Mensch ein *homo oeconomicus* ist, sondern ob ihn seine Umwelt und die Erfassung seiner Aktivitäten zum Empfänger und Bewohner einer ökonomisch rational modellierten Welt macht. Der digitalen Welt.

In der Forschung, hier insbesondere in der aufstrebenden Computational Social Science, ist dies das ›*agent-based-modelling*‹. Menschen in dieser ›sozialen Physik‹ (PENTLAND 2014) werden zu Atomen von Datenpunkten, die sich wie ein Magnetnadelfeld am Computer modellieren lassen. Pionierforschung in diesem Bereich sind Verkehrs- und Fußgängerströme, wie sie beispielsweise vom Physiker Dirk Helbing vorgenommen wurden (heute mit den Mitteln der Computational Social Science ein Advokat einer menschenförderlichen, dezentralen, partizipativen Digitalisierung).

Wie im Schlachthof lassen sich so Gatter und Gänge optimieren – man kennt das vielleicht vom Flughafen, wo die Fluggäste zunächst durch die Shopping-Reusen geschleust werden, um dann bis kurz vor Abflug im Konsumbereich auf die Ankündigung des richtigen Gates zu warten. Reisende auf dem Flughafen Newcastle (UK) werden auf den Anzeigetafeln nicht nur über Flugnummer, Flugziel und Flugsteig informiert, auch über die »remaining shopping time«.

Allmählich wird klar, mit welcher Mission der Mensch, das *hackable animal*, in seinem kognitiven Entscheidungssystem gehackt wird. Bei der Ökonomisierung aller Lebensbereiche geht es am Ende ums Geld, und nicht um die Schönheit irgendwelcher Modelle.

Paternalismus, Konsumerismus und ›Big Nudging‹

Fortschrittliche Supermärkte machen sich dieselben Datenströme der einkaufswilligen Datenhaufen zunutze, wenn es um das frische Obst und Gemüse im Eingangsbereich geht. Die bunten, frischen, leuchtenden, mit kühlem Wasserdampf glänzend gehaltenen Premiumprodukte auf Augenhöhe vorne rechts und nach unzähligen Regalmetern von Dosen- und Fertigware schließlich die *Quengelware* (Süßigkeiten für Kinder im Kassenbereich, optimiert auf die Reichweite des Kindersitzes) oder das Pendent der sogenannten ›Bückware‹ für Erwachsene im Kassenbereich, wo man häufig in kleineren, verzehrfertigen Mengen abgepackte Spirituosen findet, für die der Alkoholdurstige einen Bückling machen muss. *Was real ist, ist vernünftig*. Hegel hätte eine philosophische Freude an der Bestätigung seiner emergenten Weltauffassung.

Diese in der Wirtschaftsethik bekannte Position des Konsumerismus als kritischer Blick auf bestehendes Konsumverhalten ist die Brücke zur künstlichen Intelligenz, um die These der Maschinisierung des Menschen zur Bahnung der KI zu entwickeln. Wirkmechanismus ist auch hier die Automatisierung und deren Fortschreibung als die Automatisierung der Automatisierung, die auch vor Sphären nicht haltmacht, die im romantischen und stürmerisch-drängenden Sinne Goethes schillerndes Leben waren. Nicht nur das Individuum wird zum Datenhaufen und zum digitalen Selbst, die Gesamtheit der Gesellschaft wird digital erfasst und automatisiert. *The Automation of Society is next* titelt Dirk Helbing (2015) in gleichnamigem Buch und warnt vor den Folgen, die diese Automatisierung in Form eines neuen Totalitarismus entfalten kann, der nicht zuletzt über lebenswertes Leben urteilen kann (dazu auch der auf den Arbeiten Helbings basierte Science-Fiction-Roman *iGod* von W. Dicke). Das chinesische Sozialkredit-System bahnt hier die ersten Datenparameter an, auch wenn es nicht um Leben und Tod, sondern zunächst noch um Zinsraten für Kredite und Visa geht.

Abbildung 2
These der doppelten Konvergenz der Intelligenz

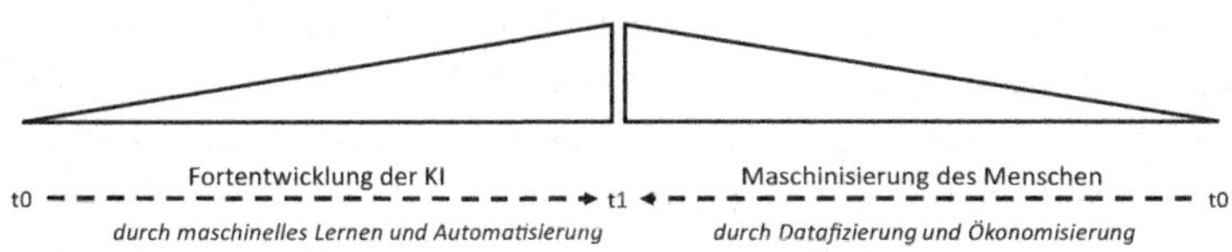

Künstliche Intelligenzen als Algorithmen, Maschinen oder Roboter können diese Prozessoptimierung großer Datenmengen vieler Datenhaufen besonders gut bewältigen: Datenhaufen werden erfasst und auf Musterhaftigkeit hin analysiert, um Prognosen über die Zukunft anzufertigen – und damit die Zukunft zu steuern. Standardisierung und Automatisierung sind dabei wie oben ausgeführt die Schlüsselprinzipien, um künstliche Intelligenzen intelligenter zu machen. Wenn der Mensch nun auch immer mehr in das Raster der standardisierten Regel-Automatismen gezwängt wird, indem sein digitales Selbst mehr und mehr über das schillernde analoge Selbst gelegt wird, so bewegen sich künstliche und menschliche Intelligenz im doppelten Sinne aufeinander zu: KI wird immer besser und menschenähnlicher, da die Menschen immer mehr zu Datenhaufen werden, die standardisiert und automatisiert ausgelesen und optimiert werden.

Diese kontinuierlichen Verbesserungen von KI sind gute Nachrichten für die Intelligenzwerdung der KIs, da die Messlatte damit – im Sinne Goethes Punkt der Zergliederung – tiefer liegt, als wenn das Ziel die geistreiche Vernunftbegabung des Menschen wäre.

In der Konsequenz führt dies umgekehrt zu einer Verroboterisierung oder Maschinisierung des Menschen, da die Ganzheitlichkeit des analogen Lebens in digitale Parameter heruntergebrochen, überwacht und optimiert wird. Gegebenenfalls lässt der Mensch sich auch in gewünschte Richtungen bei Konsum- oder Politikentscheidungen ›stubsen‹, wie dies durch den Cambridge-Analytica-Skandal der Wahlmanipulation auf Facebook zutage trat und in vielen heute unbekannten Skandalen zutage tritt. Aus Big Data und dem paternalistischen Stubsen (engl. = *nudging*) werden Big Nudges (HELBING 2017a). Gleichzeitig verändert sich durch die Maschinisierung des Menschen durch KI die *Nudgability* des Menschen, also jene Fähigkeit einen (manipulativen) Anstoß nicht als solchen wahrzunehmen, sondern sich dem Gewitter der Botschaften-Stubserei aus Werbung, Text und Bild und sozialen Medien zu fügen.

How low can you go? Asymmetrische Bedingungen der Kooperation von Mensch und Maschine

Eine der interessantesten Forschungen zum Thema Verhältnisbestimmung von Mensch und Maschine stammt von der Kulturanthropologin Sally Applin. Sie hat KIs und Algorithmen mit dem Instrumentarium der Anthropologie untersucht. In ihrer Forschung kann man einen Schwenk erkennen. Von der gegenseitig lernenden Kooperation (›mixed-used convergence‹) und des sich aneinander Anpassens (APPLIN/FISCHER 2015) nimmt sie innerhalb weniger Jahre eine gegenläufige Position ein, die von der Asymmetrie zwischen Mensch und Maschine geprägt ist. Sie schreibt, *Technologieunternehmen konsumieren Menschen.* Dazu sähen und ernten sie Daten und so werden die Menschen zu Algorithmenfutter (»Algorithm Chow«). Dies geschieht dadurch, dass das soziale Tier Mensch mit anderen sozialen Tieren zum Beispiel in den sozialen Medien kommuniziert. Doch diese Daten werden abgegriffen und ›verzehrt‹ von Technologieunternehmen, häufig, so schreibt sie, ohne unsere Erlaubnis (APPLIN 2018). Dieses kritische Argument der Datenkraken oder der Datensauger wurde bereits vielfach vorgebracht. Insbesondere Smartphones und Automobile, Laptops oder Tabletcomputer und Fitnessuhren sammeln diese Form von Daten, die von den Göttern »auf der Rückseite der Cloud« (SEELE/ZAPF 2017) ausgewertet werden und unsere Begrifflichkeit von Privatheit auf die Probe stellen. 2019 hat Sally Applin diese festgestellte Asymmetrie und Ausnutzung noch weiter ausdifferenziert und hat die Benachteiligung für die Menschen – technisch gesehen – anhand einer Studie zu Patenten des Unternehmens Amazon, sowie der Hintergründe der Boeing-737-Max-Flugzeugabstürze aufgeführt. Es geht Applin dabei nicht mehr um die konsumierten Daten und deren Auswertung, sondern um das Opfer, das Menschen für die Anbahnung der Automatisierung durch KIs zu erbringen haben. Was hier martialisch klingen mag, begründet sich durch die ungleichen Kooperationsbedingungen zwischen Mensch und Maschine. Kurz gesagt läuft es darauf hinaus, dass sich die Maschine weniger gut an den Menschen anpassen kann, als der Mensch an die Maschine, und dass deshalb in KI-intensiven Umgebungen – insbesondere Arbeitsumgebungen – der Mensch der KI ähnlich wird oder werden muss. Grundlage dabei ist die Vermessung und Messbarkeit des Menschen als Sensorträger oder umgangssprachlich als oben beschriebener Datenhaufen. Applin bringt es auf den Punkt:

> »As the world continues to automate things, processes, and services, humans are put in positions where we must constantly adapt, since at the moment, automation cannot, and does not, cooperate with us outside of its pre-programmed repertoire. Thus, in many instances we must do the yielding of our agency and our choices, to the algorithms or robots, to reach the cooperative outcomes we require« (APPLIN 2019).

Maschinen zeichnen sich (bisher) durch ein *ex ante* einprogrammiertes Verhaltensrepertoire aus. Menschen hingegen sind stark adaptiv und kreativ. In einen Topf geworfen müssten Menschen aber wie Maschinen funktionieren, damit die beiden zusammen ein kooperatives Arbeiten erreichen können. Diese Kooperation kann dann wieder arbeitsteilig intelligent und damit ökonomisch effizient organisiert werden – nach Standardisierungsregeln, die der analytischen Maschinenlogik entstammen, nicht Goethes schillerndem Verständnis von Leben. Applin berichtet vom US-Patent 9,280,157 B2 der Firma Amazon, welches den Transport von Menschen in maschinisierten Arbeitsumgebungen betrifft. Das Patent wurde 2013 beantragt und 2016 erlassen. Darum geht es: Damit Menschen im Umgang mit Maschinen nicht verletzt werden, sieht das Patent eine käfigartige Transportbox vor. Amazon versicherte, dass das Patent nicht zum Einsatz kommt, und hat in der Zwischenzeit eine andere Lösung gefunden: sensorbestückte Westen, die Signale an die Maschinen aussenden und so Unfälle verhindern sollen. Der Käfig wurde also zu einem Feld aus Signalen. Formal gesehen kein Unterschied, könnte man sagen. Technisch gesehen ein Schutzwall, nur nicht aus Stahl und Draht, sondern aus gesendeten Signalen. Da es aber laut Applin bei Amazon bereits Beschwerden gab, dass Maschinen den Menschen gegenüber bevorzugt werden (»complaints that robots are given preferential treatment in the Amazon workplace«), war die Käfiglösung für die Mitarbeiter weiteres Wasser auf die Mühlen der Maschinisierung, zumal ein Käfig eine starke symbolische Aussagekraft darüber besitzt, wer frei und wer eingesperrt ist.

Entscheidend für unser Thema hier ist dabei der Nachweis, dass der Mensch in maschinenintensiven Umgebungen zur Effizienzsteigerung der synergetischen Zusammenarbeit maschinenkompatibel agieren muss.

›Maschinenkompatibel‹ heißt dabei auch, dass die Eingriffe der Maschine auf Kosten des Menschen und seiner Freiheit gehen können. Fritsche (2019) berichtet von dem Fall einer Autokorrektur während einer Flugbuchung, die den Vornamen von *Andrina* in *Adrian* geändert hat, was zu einer kostenpflichtigen Umbuchung führte, um den realen Namen *Andrina* (wieder) einzutragen. Reisegesellschaft und Fluglinie zeigten sich wenig kooperativ, da der Name durch die Autokorrektur des Computers der Buchenden verursacht wurde. Das leuchtet ein, da der Fehler nicht von der Fluglinie, sondern vom heimischen Computer verursacht wurde, zeigt aber die Tücken der Automatisierung und Standardisierung, sodass die helfende Autokorrektur, die allerdings im Verantwortungsbereich des Computernutzers ist, hier einen korrekten Namen im Korrekturansinnen verfälscht hat. *Adrian* wäre laut Korrekturprogramm der erwartbare Name gewesen. Sollte man folglich werdenden Eltern raten, nur noch maschinenkompatible Standard-Namen zu wählen, die der Spracheinstellung eines Computers entsprechen? Die Annäherung geht also in verschiedene Richtungen und Priddat weist in einem Artikel bereits darauf hin, dass es auch an den Menschen ist, sich zu Automaten zu verhalten. Dem Menschen steht also auch eine »Selbstverwandlung« (PRIDDAT 2019) bevor.

Maschinisierung des Menschen: der ökonomische Modellreduktionismus wird Wirklichkeit

Wenn diese Transformation zur Kontrolle und Steuerung der menschlichen Datenhaufen erfolgt ist – und hier gibt es allerhand Indizien, dass dies bereits in fortgeschrittenem Maße erfolgt ist –, so lässt sich im nächsten Schritt der gegenseitigen Annäherung ermitteln, ob Menschen oder Roboter gemeinsam wenigstens effizienter sind. Wie könnte man das besser herausfinden, als mit einer ökonomischen Analyse, die auf einem mathematischen Effizienzmodell beruht?

Wir müssen feststellen: Der ökonomische Modellreduktionismus ist Wirklichkeit geworden. Nichts anderes geht gegenwärtig im Finanzsektor vor sich. Der Traum wird wahr: Mit den Datenhaufen-Menschen kann man das *agent-based modelling* immer weiter anpassen – und der Mensch verhält sich entsprechend – oder unterliegt gleich, wie dies in den Rationalisierungsplänen der großen Banken durch Digitalisierung und Fintec bereits ausgesprochen wurde: Der ehemalige Vorstandsvorsitzende der Deutschen Bank Cryan etwa lobpreist die Effizienzsteigerung von künstlicher Intelligenz und stellt bei einer Investorenversammlung in London klar: »Wir machen zu viel Handarbeit, was uns fehleranfällig und ineffizient macht« (zitiert nach KANNING 2017). Die Einschätzung Cryans treibt den Gedanken allerdings noch weiter auf die Spitze, wenn er ausführt, dass viele Banker ohnehin wie Roboter arbeiteten (ebd.).

Gerade Arbeit im Finanzsektor ist beispielhaft für die Maschinisierung der Menschen und die Bahnung der künstlichen Intelligenz, da im Finanzsektor mit Zahlen, also einem per se standardisierten Medium gearbeitet wird, das von ökonometrischen Modellen und Algorithmen bewegt wird. Der Finanzwissenschaftler Marc Chesney weist in seinem visionären Buch *Die permanente Krise* (CHESNEY 2019) kritisch darauf hin, dass bereits ein Großteil der Finanztransaktionen automatisiert durch Algorithmen (»algo-trading«) vorgenommen werde.

Die Entscheidungsinstanz Mensch folgt den bestehenden Portfolioansätzen oder Risikomodellen und an den Universitäten wird bereits hinter vorgehaltener Hand geflüstert, dass man zukünftig keine Finanzwissenschaftler mehr mit ihren vergleichsweise beschränkten mathematischen Fähigkeiten benötigt, sondern Datenwissenschaftler und Programmierer. Diese Datenwissenschaftler und Programmierer und ihre KI-basierten Helfer könnten dann die Arbeit der Finanzabsolventen übernehmen.

Die Aussage vor Investoren, dass viele Mitarbeiter ›wie Roboter arbeiten‹, zeigt die Richtung der geplanten Begegnung: Effizienzgewinn und Fehlerreduktion zur Steigerung des Shareholder Values sind diejenigen Vorteile, die für das Wegfallen von Arbeitsplätzen verantwortlich gemacht werden dürften. Die Frage nach der freundlichen Begegnung zwischen KI und Mensch, die gemeinsam Probleme lösen und die Welt verbessern, sind wohl doch eher holde Träume einer Anfangszeit der KI, der noch ein heiterer Zauber innewohnte. Damit ist nichts gegen die Grundideen und Ausrichtungen pro-sozialer Algorithmen und Datenmanagementsysteme gesagt. Und selbst wenn künstliche Intelligenzen eines Tages ein Bewusstsein hätten und Entscheidungen in eigener Verantwortung treffen könnten (wogegen sich der Philosoph Andreas Brenner [2018] jedoch zum gegenwärtigen Zeitpunkt kategorisch ausspricht), geht die Verroboterisierung des Menschen weiter, indem mehr und mehr Kennzahlen in Echtzeit gemessen und evaluiert werden und im digitalen Überwachungskapitalismus (ZUBOFF 2018) optimiert werden können. Dass der Mensch im Überwachungskapitalismus viele seiner ureigenen Qualitäten einbüßt, wird immer offensichtlicher. Die amerikanische Academy of Management hat einen Artikel veröffentlicht, wie Arbeitgeber Algorithmen im Personalwesen des eigenen Unternehmens verwenden können. Die Empfehlungen für Manager sind dabei von den Autoren (KELLOG/VALENTINE/CHRISTIN 2019) auf sechs Grundbegriffe (6Rs) reduziert worden: Arbeitnehmer können durch Algorithmen gesteuert, bewertet und diszipliniert werden durch:

1. Restriktionen (*restrictions*) und
2. Empfehlungen (*recommending*).
3. Aufzeichnungen (*recording*)
4. Bewertungen (*rating*)
5. Belohnungen (*rewarding*) und
6. Ersetzungen (*replacing*)

So haben die angestellten Manager also die Werkzeuge in der Hand, ihre Angestellten bis hin zur Algorithmen-gesteuerten Entlassung gefügig zu halten: Lohnsklaven, die Lohnsklaven mit der Hilfe von Maschinen managen.

Die Dehumanisierung ist bereits im Gang

Das digitale Selbst wird zum Selbst – darum geht es in der Maschinisierung des Menschen. Der Mensch wird zum Roboter und die Maschine hat es dann um ein Vielfaches leichter, dem Menschen ähnlich zu werden – oder diesen zu beaufsichtigen und zu kontrollieren. Das ist keine Zukunftsmusik: Algorithmen als Boss sind bereits vielfältige Realität geworden. Ein markantes Beispiel ist das smarte Taxiunternehmen Uber, dessen Fahrer von einem Algorithmus beaufsichtigt werden und deren Löhne vom Algorithmus festgelegt und ausgezahlt werden. Dazu gibt es nun eine Studie, die ermittelt hat, was Uber-Fahrer am meisten stört, wenn sie von Algorithmen gemanagt werden. In der Studie (MÖHLMANN/HENFRIDSSON 2019) werden drei Faktoren herausgearbeitet: 1. Konstante Überwachung. 2. Zu geringe Transparenz. Während der Algorithmus umfänglich Daten über die Fahrer sammelt und deren Wesen ergründet, wird es als unangenehm empfunden, dass die Fahrer im Gegenzug keinerlei Transparenz über den Algorithmus der App erlangen können. Und 3. Dehumanisierung. Die Fahrer berichteten den Forschenden, sie seien einsam, isoliert und entmenschlicht (»dehumanized«).

Und diese Algorithmen werden nun als intelligent und förderungswürdige Zukunft angesehen? Man mag dazu fragen: Ist der Turing-Test an sich verlässlich, wenn er menschliche Intelligenz als Konstante in einer ansonsten wiederholbaren Modellsituation vor einer Jury annimmt?

Die Fragen nach dem Verhältnis von menschlicher und künstlicher Intelligenz ist also nicht nur eine der fortschreitenden Entwicklungen von maschineller und künstlicher Intelligenz, sondern ebenso eine der Entwicklung der Menschen, ihrer Institutionen und Konformitätsanpassungen. Momentan sieht es so aus, dass das ökonomische Primat auch für den Einsatz der künstlichen Intelligenz zu einer Entfremdung des Menschen im Goetheschen Sinne führt, die es der Anbahnung und Durchsetzung der künstlichen Intelligenz leichter machen dürfte, sich nicht nur Anzunähern, sondern auch einen Verdrängungswettbewerb im ökonomischen Sinne für alle standardisierbaren und automatisierbaren Tätigkeiten zu gewinnen. Und je mehr standardisiert wird, desto mehr wird automatisiert und substituiert. Wer profitiert? Für kurze Zeit die Shareholder der Unternehmen, die diese Substitutionsleistungen anbieten. Was noch fehlt in der Gleichung? Die konsumierende Maschine.

Der nützliche Idiot: Menschen als rechtlich verantwortliche Personen und ›Pseudo-KIs‹

Deshalb: Die Maschinisierung des Menschen im Rahmen der Digitalisierung der Welt ist das nächste Kapitel in der alles durchdringenden Ökonomisierung der Welt. Der Unterschied ist dabei: Im neuen Digital-Paradigma vollzieht sich die Ökonomisierung technisch perfektioniert in einer Weise, die nicht bei ökonomischen Kennzahlen anhält, sondern am Grunde aller ökonomischen Transaktionen ansetzt, diese durchdringt und digital re-definiert. Dies verändert auch die Präferenzen des Menschen, seinen Konsum und letztlich seine Freiheitsgrade.

Der Ökonom und Philosoph Birger Priddat beschreibt dabei die Grundlinie dieses Verhältnisses. Zunächst gilt es zu berücksichtigen, dass KIs oder Algorithmen kein ›Selbst‹ haben, das handelt, und somit Ergebnisse, die von Algorithmen geschaffen wurden, auch niemals den Algorithmen gehören,

> »sondern dem, der den Algorithmus nutzen darf (weil er ihn besitzt, weil er ihn gekauft hat). Der Algorithmus, auch der Roboter, ist keine Person im rechtlichen Sinne. Es gibt immer Rechtspersonen, die die Algorithmen oder Roboter besitzen« (PRIDDAT 2019: 7).

Diese Auffassung entspricht auch dem neuen KI-Ethik-Kodex des Pentagons, wonach stets Menschen verantwortlich sind für »developments, deployments, use and outcomes« (JOHNSON 2019).

Die Verwandlung der Datenhaufen in *hackable animals* geschieht also nicht im rechtsfreien Raum, sondern durch natürliche und juristische Personen wie Unternehmen und Organisationen, die instrumentelle Absichten verfolgen. Diese Maschinisierung wird nicht nur von den sogenannten ›FAANG Unternehmen‹ (Facebook, Amazon, Apple, Netflix und Google) oder Sicherheitsdiensten vorangetrieben. Der Prozess geht viel tiefer und weit über die Ebene der Digitalisierung und der Datenhaufen hinaus. Die digitalen Daten, mit denen Maschinen dann rechnen, gehen bis in die Lebensläufe und deren Prognostik von Kleinkindern (OECD) oder noch tiefer, in die Genetik des Menschen sowie deren Vermessung und Bewertung in Form des GenScores.

Lernende Algorithmen kommen beispielsweise auch zum Einsatz, um die Effizienz von Callcentern zu verbessern. So berichtet Körbel (2019) von einem neuen KI-Werkzeug, das Stimmen von Kunden und von Callcenter-Mitarbeitern in Echtzeit auswertet und so die Stimmungslage analysiert. Wenn der Anrufer ärgerlich ist, signalisiert das bereits die KI, bevor es beispielsweise zum expliziten Streit kommt. Doch auch die Mitarbeiter werden auf ihre Stimmung hin ausgewertet. Informationen, die zur Leistungsbeurteilung gewiss nicht unbeachtet bleiben. Der Mitarbeiter bekommt also eine Nachricht von der Maschine, ob seine Stimme im ›grünen Bereich‹ ist.

Selbst die OECD, bisher nicht verdächtig als Speerspitze der Digitalisierung und der digitalen Transformation zu gelten, arbeitet Bewertungskriterien aus, Lebensläufe aufgrund von Fertigkeiten zu normieren (WIRZ 2018). Dazu gehört auch der Bildungstest Pisa, sowie die erwähnte Studie zur Fertigkeitsvermessung Fünfjähriger. Laut Wirz »geht es beim OECD-Konzept darum, effiziente und anpassungsfähige Anwender von standardisiertem und nützlichem Wissen hervorzubringen« (ebd.), was negative Auswirkungen auf Innovation und Kreativität hätte. Man könnte die OECD-Studie als Bürokratieungetüm verstehen, das Antworten auf Fragen liefert, die auf Voraussetzungen und Bedarfsermittlungen fußen, welche in 20 Jahren, wenn die Fünfjährigen studiert haben, veraltet sein dürften. Die damit einhergehende Normierung hingegen führt zu der hier vorgebrachten Standardisierung und damit Maschinenlesbarkeit menschlicher Datenhaufen sowie ihrer Plan-, Vorherseh- und Sagbarkeit.

Einen Vorgeschmack dieser Vorhersagbarkeit verfügbarer Menschendaten liefert eine aktuelle Studie aus der Fachzeitschrift *Science*, die sich mit der Erkennung menschlicher Vorurteile und Hintergedanken beschäftigt. Also jene Bereiche, die einem selber nicht genau zugänglich sind und die man anderen auch nicht offenbaren möchte oder sollte. In der Studie führen die Informatiker Caliskan, Bryson und Narayanan (2017) aus, wie Wortnachbarschaften Wissen über Personen oder Kulturen produzieren kann. Dies wird auch bereits kommerziell genutzt, wie Meier (2018) anhand der Firma Neuro-Flash aufzeigt, die sogenannte ›semantische Landkarten‹ entwirft, um Produktspezifikationen und Werbebotschaften entlang von Wortnachbarschaftsmustern zu entwickeln. Die Produkte und Werbebotschaften werden so um uns herum maßgeschneidert, dass sie vertraut wirken und in das bestehende Leben als passend wahrgenommen eingefügt werden können. Je normierter, desto besser lassen sich die menschlichen Datenhaufen maschinell auswerten.

Um die volle Konsequenz der Ökonomisierung der Daten-Standardisierung des Menschen zu veranschaulichen, lässt sich der Kundenlebenszeitwert (*customer lifetime value*) abermals anführen. Dieser misst aufgrund der persönlichen Daten wie Alter und Bildung sowie Einkommen und Konsumprofil, wie viel Verdienst ein Kunde für ein Unternehmen bis zu seinem statistisch voraussichtlichen Lebensende einbringen wird. Wie Hulverscheidt (2018) ausführt, hat dieser Kundenlebenszeitwert Einfluss darauf, wie zuvorkommend oder distanziert ein Unternehmen mit einem Kunden umgeht. Als Beispiel lässt sich hier die Wartezeit in Telefonschleifen anführen, die laut Hulverscheidt bei einigen Unternehmen insbesondere in den USA bereits abhängig von der weiteren erwartbaren Verdienstmöglichkeit beim Anrufenden ist. Jemand, der dem Unternehmen noch viele Gewinne bringen wird, wird bevorzugt behandelt mit beispielsweise Sonderaktionen oder persönlichen Ansprechpartnern. Wie man sich wird denken können, werden solcherlei Werte von Maschinen errechnet. Doch die Transparenz der menschlichen Datenhaufen macht nicht Halt beim Verhalten und den demografischen Wahrscheinlichkeiten einer Person. Inzwischen interessieren sich vermehrt Sozialwissenschaftler für Genetik, da sich in der Forschung ein Trend in Richtung Vorhersagbarkeit anhand von genetischen Profilen durchzusetzen beginnt (LÜTHI 2018). Entlang dieser Datensätze ließen sich nun auch GenScores ermitteln, also eine Bewertung von Personen aufgrund ihrer genetischen Merkmale.

Es sieht also finster aus für die Werte der Aufklärung, sowohl was die *Gleichheit* als auch unser Verständnis von *Freiheit* anbelangt. Die maschinelle Vermessung und Auswertung menschlicher Parameter hat damit durch die Sichtbarmachung und Vermarktung von Unterschieden auch negative Auswirkungen auf die Solidarität, und damit einen weiteren Wert der Aufklärung: die *Brüderlichkeit*.

These 5, also die These der Maschinisierung des Menschen zur Bahnung der KI, endet folglich mit der Feststellung, dass die Digitalisierung eine bereits seit Jahrzehnten voranschreitende Ökonomisierung durch Modellbildung perfektioniert, die – trotz aller digitaler Transparenz und Wissenszugänglichkeit – gegen den Geist der Aufklärung und damit als Gefahr für die Demokratie zu sehen ist (HELBING et al. 2017). Der Journalismus-Experte Stephan Russ-Mohl, der ebenso die Gefahr für die Demokratie durch die Digitalisierung beschrieben hat, stellt seinem Buch zum Thema Desinformation dementsprechend Francisco Goyas *Der Schlaf der Vernunft gebiert Ungeheuer* voran, um auf die demokratiefeindlichen Auswirkungen der durch Digitalisierung begünstigten Desinformation hinzuweisen (RUSS-MOHL 2017).

Je mehr Menschen in Datenrastern und Datenhaufen denken, desto mehr fallen sie in gerade diesen »Schlaf der Vernunft«. Ob damit Ungeheuer geboren werden? Wer mag das sagen? Ebenso möglich ist die Projektion, dass KI gerade zu einer positiven Erweiterung führt, ganz so, wie es Stuart Russel (2017) skizziert, dass KI uns zu »besseren Menschen machen« kann. Zumindest wäre es im Idealfall wünschenswert, dass ein »Ökosystem der Ideen« (HELBING 2017b) von menschlicher wie künstlicher Intelligenz entsteht, um die besten Lösungen für die drängendsten Fragen zu entwickeln. Doch diese Idealvorstellung ist nicht nur von den Maschinen und ihrer Programmierung oder ihrem eigenen Lernen abhängig. Sie ist ebenso von den Menschen und deren Haltung und Denkart abhängig. Die deshalb hier vorgebrachte Maschinisierung des Menschen könnte keinen prominenteren Fürsprecher haben, diesen Prozess mit Sorge zu betrachten als Tim Cook, Chef von Apple, der in einem Interview sagte (Cook gegenüber ARMBRUSTER 2017):

> »Es ist viel gesagt worden über die möglichen Risiken von Künstlicher Intelligenz, aber ich sorge mich nicht um Maschinen, die denken wie Menschen. Ich sorge mich um Menschen, die denken wie Maschinen«.

Eine Sorge, die begründet ist. Nicht nur im abstrakt-philosophischen Sinne, sondern auch bereits hinsichtlich der Arbeitsrealität mancher KI-Unternehmen. Den wahrscheinlich abstrusesten Fall stellt dabei das Start-up X.ai dar. Deren künstlich intelligente Büroassistenten waren derart desaströs inkompetent, dass die algorithmischen Mitarbeiter durch menschliche Mitarbeiter ersetzt werden mussten, die aber, so Lobe (2019b) von der Firmenleitung angewiesen wurden, möglichst roboterhafte Antworten zu schreiben, um den Bluff einer innovativen KI-Unternehmung aufrecht zu erhalten, die aber in Wirklichkeit lediglich eine menschliche »Pseudo-KI« simulierte. Dieses Start-up war nun kein Einzelfall. Mary L. Gray und Siddharth Suri haben ein ganzes Buch über *Ghost Work* (2019) geschrieben, in dem sie die menschlichen, aber unsichtbaren Arbeitskräfte der großen digitalen Plattformunternehmen anthropologisch beschreiben. Ausgangspunkt der Überlegungen ist die Notwendigkeit, dass KIs um zu lernen, mit vorstrukturierten Daten gefüttert werden müssen. Diese Arbeit unternehmen nicht etwa selbstlernende Algorithmen, sondern unsichtbare und äußerst schlecht bezahlte, menschliche Click-Worker. In dem Buch wird gar die These vertreten, dass durch die Ghost Worker eine neue und globale Unterklasse produziert wird. Eine menschliche Unterklasse, die zur Bahnung der KI und ihrer behaupteten Intelligenz unerlässlich ist, die wiederum die Voraussetzung der Substitution menschlicher Arbeit durch Maschinen sein soll.

Die autoritäre Steuerung menschlichen Verhaltens steht dabei im Mittelpunkt. Oft wird dabei mit dem Finger auf China gezeigt, wo ein Credit-Score-System politisch unerwünschte Äußerungen und unerwünschtes Sozialverhalten über ein Punktesystem sanktioniert und die Punkte wiederum über Konditionen von Krediten oder über die Gewährung von Visa entscheiden. Der Staat ist damit nicht nur stark normativ, er greift normierend und verhaltenskanalisierend in das Leben seiner Bürger ein.

Doch außerhalb Chinas ist es gar nicht so anders. Oben wurde bereits auf den Kundenlebenszeitwert (*customer lifetime value*) verwiesen, der aufgrund der persönlichen Daten wie Alter und Bildung, sowie Einkommen und Konsumprofil ermittelt, wie viel Verdienst ein Kunde für ein Unternehmen bis zu seinem statistisch voraussichtlichen Lebensende einbringen wird (HULVERSCHEIDT 2018). Das ist nichts anderes als ein datengetriebener Score, nur ohne den normativen Überhang der kommunistischen Partei Chinas. Gewissermaßen ein Kapitalismus-Sozialwert (*capitalistic social score*) oder umgangssprachlich formuliert: Zitronen-Auspress-Score.

Mike Elgan vertritt die These, dass die großen Internet-Unternehmen ebenso einen Social Score erheben, nur ohne gesetzliche Grundlage, die man immerhin dem chinesischen Modell zugutehalten muss (auch wenn es im kommunistischen Staatskapitalismus keine Legitimation durch Deliberation wie in [theoretischen] offenen Demokratien gibt). Elgan (2019) zählt dazu Versicherungsunternehmen, die Einträge in sozialen Medien auswerten und auf die Prämien anrechnen, wenn zum Beispiel offensichtlich ungesundes Verhalten zur Schau gestellt wird. Die Verwendung von Lebensstilfragen ist dabei laut Elgan bereits weit verbreitet (Raucher etc.) und die Soziale-Medien-Auswertung knüpft an diese Praxis an. Ein weiteres Beispiel gemäß Elgan ist das Unternehmen PatronScan, das Kunden von Restaurants und anderen Lokalen überprüft und auffällige Kunden (*bad behaviour*) für alle anderen Lokale, die das Produkt PatronScan ebenfalls nutzen, sperren kann.

Die Verhaltenskanalisierung nach dem chinesischem Modell wird in unseren Breiten also in eine privatwirtschaftliche Entsprechung umgemünzt – im Endeffekt sind *de facto* Sanktionen die

Konsequenz – und das ohne rechtliche Grundlage wohlgemerkt, aber auch nicht außerhalb des Rechtsstaates, da die Teilnahme an PatronScan nicht verpflichtend ist und durch Drittanbieter, Cookies und andere Hintertüren die wohlgemeinten Regelungen des europäische Datenschutzgesetztes umgangen werden können.

Doch es sind nicht nur kleine und spezialisierte KI-Unternehmen, die aufgrund von intelligenten Algorithmen Sozialverhalten von Nutzern nicht nur erfassen, sondern auch zur verhaltenskanalisierend einsetzen. Elgan berichtet von Airbnb, die sich das Recht herausnehmen, Kunden lebenslang aufgrund von Behauptungen anderer Kunden zu sperren, und dies auch noch ohne den Grund für die Sperrung mitzuteilen. Auch Uber verfährt hier ähnlich, da nicht nur die Kunden den Fahrer, sondern auch die Fahrer ihre Kunden bewerten. Dies ist nicht unbedingt bekannt, da der Kunde keinen Score angezeigt bekommt. Jedoch können Kunden mit einem unterdurchschnittlichen Wert von der App ausgeschlossen werden. Elgan bewertet diese Fälle als Rechtsverstöße : »In other words, it's an alternative legal system where the accused have fewer rights« (ELGAN 2019). So gilt die in Rechtsstaaten gültige Unschuldsvermutung nicht mehr und es gibt für die ›Urteile‹ keine Richter, kein Gericht und keine Jury – im Grunde genommen wurden klammheimlich die Errungenschaften des modernen Staates rechtsstaatlicher und demokratischer Verfasstheit mitsamt den Menschenrechten unterhöhlt und partiell bereits abgeschafft.

Zugespitzt formuliert: Die Anbahnung einer schönen neuen KI-Welt bedingt also die vorgängige Anpassung des Menschen an die maschinelle Standardisierung – als Ermöglichung der Automatisierung. Wer den Menschen also schnellstmöglich ersetzen möchte, muss dafür sorgen, dass dieser sich weniger wie ein schillerndes kreatives Geisteswesen und mehr wie eine reduktionistisch-roboterhafte Maschine verhält.

Man muss feststellen: Darin sind wir gut unterwegs.

VIERTER TEIL: (SUBJEKTIVE) SCHLUSSFOLGERUNGEN FÜR DIE BEZIEHUNG ZWISCHEN MENSCH UND MASCHINE

Der abschließende vierte Teil dieses Textes fasst die beiden Dialoge mit Rose und Mitsuku, die daraus abgeleiteten 5 Thesen unter der Überschrift der ›Maschinisierung des Menschen‹ sowie der ›doppelten Konvergenz der Intelligenz‹ zusammen. Dieses Aufeinanderzubewegen der menschlichen wie der maschinellen Intelligenz hat Auswirkungen auf die Beziehung zwischen Mensch und Maschine. Im Folgenden werden verschiedene Aspekte dieser sich wandelnden Beziehung sowohl für den Menschen, als auch für die Maschine vorgestellt. Dies geschieht in aller Subjektivität.

Personen und »Viecher«: ein Plädoyer für Respekt gegenüber jedweder Intelligenz

Die bisherigen maschinellen Intelligenzen sind gut darin, auf Wahrscheinlichkeiten basierende Automatisierungen auszuführen. Verknüpfungen und Verschlagwortungen bei großen Datenmengen erschaffen die Impression, dass die Maschine wahrnehmen und denken kann. Mit allen Anfälligkeiten, die in den

Dialogbeispielen oben angeführt wurden. So funktionieren Rose und Mitsuku. Die philosophischen Höhen des reflexiven Selbst und das Spiel mit Andeutungen, Paradoxien und Ambivalenzen scheint bis auf Weiteres der menschlichen Intelligenz (in ihren besseren Tagen) vorbehalten zu sein. Einzelne verschlagwortete Überraschungstreffer meist kommerzieller Anwendungen wie Siri, Alexa oder Google Home mögen darüber hinwegtäuschen, aber sobald man über das One-Shot-Game gelungener Pointen hinausgeht, wird es dröge und man möchte sich fast fremdschämen für die Maschine. Das ›short term long term learning‹, wie es den KIs seit Jahrzehnten von Veteranen wie Schmidhuber eingeprägt wurde, ist am Ende dann doch eher die Summe seiner Einzelteile – und nicht mehr. Vielleicht noch nicht mehr.

Der menschliche Geist jedoch – wieder in seiner idealisierten Form der Dichter und Denker – erhebt sich zu Höhen eigenständiger Gestalten und Weihen, die so für die KIs noch nicht zur Verfügung zu stehen scheinen. Dennoch neigen wir dazu, den KIs Persönlichkeiten und Wesenszüge zuzuschreiben. Ist das so unterschiedlich zu der Begegnung mit menschlichen Intelligenzen *in realiter*? Die doppelte Konvergenzthese dieses Textes zeigt auf diese beidseitige Annäherung und mag helfen, die Intelligenz an sich zu relativieren, sowohl die der Maschinen, als auch die der Menschen, die – die Beispiele mögen es gezeigt haben – auf Kompatibilität mit den Maschinen konditioniert werden. Vielleicht ist es auch weniger das Konditionierungsprogramm, als vielmehr der allgemeine Weg, Bequemlichkeiten und Behaglichkeiten zu wählen, die eben gerade in der Kompatibilität mit den Kommunikationsmodi der Maschinen konvergieren – und mit denen vieler anderer Menschen, die es auch gerne bequem und kompatibel mögen – wer mag es ihnen verdenken.

Und doch gehen uns die KIs nahe. Die Mainstream- und Alternativfilmindustrie lebt seit Jahrzehnten gut davon, den Sprung zwischen den maschinellen und natürlichen Intelligenzen – gelungen oder nicht – zu zelebrieren. Die Anspruchshaltung der Diskussion ist dabei zumeist diejenige der Gleichheit. Intelligenz zeigt sich in der Intelligenz – egal ob nun maschinell oder menschlich-natürlich. Aber dazwischen – dies kann das Beispiel des *uncanny valley* aus der Roboterforschung gut zeigen – gibt es jenen Prä-Bereich, der uns offenbar besonders unheimlich und geisterhaft vorkommt. In der negativen Formulierung wäre dies die Herabsetzung der Intelligenz. Und was ist der nicht intelligente Mensch? In der sehr ausgeprägten Historie der Herabsetzung (rhetorisch und faktisch) von Menschen zu ihrer Unterwerfung oder Diskreditierung ist dies das Absprechen der Menschlichkeit und die Einordnung in das Tierisch-kreatürliche. Eine Beleidigung eines jeden Tieres, wenn zur Entmenschlichung Beleidigungen wie ›Ratte‹, ›Schwein‹, ›Ziege‹, ›Kuh‹, ›Schlange‹ oder ›Affe‹ angerufen werden.

Genau dies ist exemplarisch geschehen, als ich im Sommer 2017 an einem Symposion teilnahm und bei einem Lunch die Gelegenheit hatte, neben dem CEO Schweiz einer der großen fünf US-Software-Giganten zu sitzen. Das Unternehmen, bekannt für seine progressiven und visionären KI-Anwendungen, hat aus erster Hand Zugriff auf die neuesten und der Öffentlichkeit noch unbekannten KIs. Die Person sprach dabei konstant von ›Viechern‹, wenn es um die KIs ging. Als ob die KIs in der Tat Organismen oder Entitäten wären, aber eben gewiss keine Menschen, sondern Kreaturen. Das ist ja insofern auch richtig und verständlich, doch es schien etwas Despektierliches an sich zu haben, die KIs derart in den Rang der primitiven Kreatürlichkeit herabzusetzen. Bemerkenswert dabei war insbesondere die Einschätzung: »*Die Technik ist da, aber die Gesellschaft ist nicht bereit, die Wertebasis fehlt.*« Es läge also an uns, den natürlichen Intelligenzen, den Menschen, mit den KIs in einer Weise umzugehen, dass unsere Wertebasis einen respektvollen Umgang miteinander ermöglichen würde. Man könnte sagen: Dasselbe Problem herrscht seit Jahrtausenden auch zwischen den menschlichen Intelligenzen. Weshalb nun sollte sich die *conditio humana* für die Maschinen ändern – wenn wir es noch nicht einmal schaffen, uns untereinander einigermaßen respektvoll und zivilisiert zu behandeln? Beispiele, wie Menschen Maschinen ebenso misshandeln wie andere Menschen gibt es zuhauf, wie der geköpfte hitchBot im ersten Teil des Textes demonstriert. Auch hier ist Hollywood prägend. Aber ist es nicht vielmehr der Mensch als »Untier« (HORSTMAN 1983), als Seil aufgespannt zwischen Übermensch und Tier (NIETZSCHE 1886), der ungeachtet seines Gegenübers stets und zuverlässig zu Gehässigkeiten, Feindseligkeiten, Grausamkeiten und Unterwerfungsritualen neigt?

Insofern zeigt uns die KI durch ihren momentanen geistigen ›Abstand‹, dass der Mensch nicht nur dem Menschen ein Wolf ist (und bleibt), sondern auch den KI-›Viechern‹ (auch hier ist der Wolf als Tier zu Unrecht als grausam dargestellt). Der Traum von einem ›weisen‹ Algorithmus, der für uns alles zum Besseren wendet und die (menschengemachten Probleme) mit seiner Innovationskraft löst, bleibt ein Traum. Oder er wird zum Albtraum, wie es das fiktive Skynet, die Matrix oder ein KI-basierter iGod in Hollywood zu zeigen vermag. Wahrscheinlicher ist es jedoch, dass wir die Maschinen genauso unterdrücken und ausnutzen, wie wir das seit Jahrtausenden mit Tieren und anderen Menschen bereits geübt haben. Wer den Science-Fiction-Film *Alita* gesehen hat, kann darin das Abschlachten von Maschinen und Cyborgs in epischer Breite beobachten. Wenn man einen Martialitäts-Index von Köpfungs-, Zerteil- und Todesstoßszenen bilden wollte, würde dieser Film die Höchstzahl erreichen können – aber nur gegen Maschinen. Da ist die Grausamkeit offenbar nicht problematisch, wie auch die Altersfreigabe von FSK 12 belegen würde.

Die eigentliche Aufgabe für uns Menschen lautet also vielmehr – so wie es die Philosophen seit Jahrtausenden an verschiedenen Orten der Welt in verschiedenen Traditionen bereits ansprachen – Selbstbeherrschung. Ich schreibe das ganz bewusst auch, obwohl mir dabei ein kalter Schauer über den Rücken läuft, im Rückblick auf den experimentellen Dialog mit Rose und Mitsuku oben im zweiten Teil. Es mag dem aufmerksamen Leser aufgefallen sein, dass einige Passagen von einer gewissen Enerviertheit und Ungeduld ob der geistlosen und vorhersehbaren oder redundanten Antworten des Chatbots zeugen. Man kann sich vorstellen, wie sich dies zu einer Haltung der Ablehnung und *in extremis* zu einer Unterdrückungshaltung auswachsen könnte.

Dialektisch gesprochen: ›Ich und Rose‹ zeigt demnach also weniger über Rose, als vielmehr etwas über diejenigen, die mit den KIs umgehen. Die KIs und unser Umgang mit ihnen ist ein Spiegel unserer Selbst. Und die Beispiele von KIs, die zu gut und zu schnell gelernt haben und zu rassistischen, gehässigen und diskriminierenden Konversationsautomaten geworden sind, sind im Grunde nichts anderes als ein Spiegel ihre Umgangs. Ihres Umgangs mit Menschen.

Das ist der Spiegel, den die KI-›Viecher‹ den ›Untieren‹ vorhalten, die sich doch noch oder gerade wegen der KI nach wie vor für etwas Besseres halten (wollen).

Abschließend bleibt wohl nur der Appell, dass es beim Lernen, egal ob bei Mensch oder Maschine, ob *deep* oder pädagogisch, doch vielmehr auf die guten Lehrer ankommt. Und da scheinen uns die großen Philosophen wie der hier für den Dialog herangezogene Augustin und die vielen anderen Geistesgrößen eine gute Orientierung zu geben, indem sie uns anleiten, wie wir uns zu selbst-reflexiven, kritischen und autonomen Intelligenzen entwickeln können.

Der Geist der Intelligenz weht wo er will – digital wie analog, künstlich wie natürlich. Aber er ist gleichwohl flüchtig und nur zu erreichen durch ein Streben, nicht durch ein Behaupten. Dimitar Sasselov (2017) hat dies auf die prägnante Formel gebracht: »KI ist I«.

Doch gegenwärtig ist das Verhältnis eher mit einer Analogie zu beschreiben:

Mit den künstlichen Intelligenzen verhält es sich wie mit künstlichen Tränen: Sie erfüllen einen instrumentellen Zweck, der in keiner Weise das widerspiegelt, was wir Menschen aus Freude oder Trauer kennen.

Die doppelte Konvergenz der Intelligenz wirft uns auf die eigene Moral gegenüber der Maschine zurück: eine Erinnerung an *Frog in a Blender*

Als 1998 die Firma Macromedia die Plattform Flash 2 gründete und es möglich wurde, Zeichentrick-Animationen digital darzustellen und interaktiv zu gestalten, entwickelte Joe Shields unter dem Künstlernamen ›Joe Cartoon‹ die Anwendung *Frog in a Blender* (Frosch im Mixer). In dieser Anwendung kann der Nutzer in einer Flash-Animation, in welcher ein Frosch in einem Mixer schwimmt, den Drehregler verschiedentlich betätigen. Entweder schwimmt der Frosch in zunehmendem Strudelwasser oder ab einer gewissen Drehzahl färbt der Mixer sich rot, wenn also der virtuelle Frosch von den virtuellen Klingen des Mixers zerhackt wird. Dieses Programm, von dem Joe Cartoon sagt, er habe es als »self-promo« geschrieben, also gewissermaßen als Teil seiner Bewerbungsunterlagen, um seine Fähigkeiten zu demonstrieren (CESCA 2015), ist aus ethischer Sicht bemerkenswert. Es ist weniger interessant, was den animierten, zerstückelten Frosch angeht. Es ist vielmehr interessant, ob der Mensch einen – gleichwohl virtuellen – Frosch aktiv im Mixer zerstückelt, indem der Mensch den Knopf auf dem Bildschirm betätigt. Ich bin dieser interaktiven Animation vor rund 20 Jahren erstmals begegnet:

> Als Student wurde mir diese Animation *Frog in a Blender* von einem Mitstudenten gezeigt und vorgeführt – bis hin zum blutigen Wasser. Auf die Aufforderung, die Animation ebenso zu betätigen, weigerte ich mich. Auf den Hinweis, dass es ja kein Lebewesen sei, der Frosch nichts spüre und nicht wirklich sterben würde, weigerte ich mich weiterhin. Mit der Begründung, dass es zum einen unsicher sei, in welchem Existenzzustand dieser Forsch sei. Es war in den späten 1990er-Jahren und das virtuelle Tamagotchi war gerade berühmt, also ein virtuelles Haustier in einem Taschencomputer, das regelmäßig gefüttert und gepflegt werden musste, damit es nicht virtuell stirbt (und auf einem virtuellen Friedhof begraben werden konnte). Zum anderen erklärte ich meinem Kommilitonen – einem Studenten der Theologie übrigens –, dass ich den Frosch nicht häckseln würde, da es dabei um meine Wahrnehmung, Handlung und Haltung ginge, auch wenn der Frosch nur eine Computeranimation wäre – zumal ich keine zuverlässigen und letztbegründungsfähigen Informationen über den Daseins-Zustand digitaler und virtueller Wesen hatte.

Der Frosch im Mixer ist dabei – wenn man die anthropozentrische Brille für einen Moment absetzen möchte – nichts anderes als die Versuchsanordnung des Milgram-Experiments. 1961 wurde in den USA dieses psychologische Experiment zum Thema Gehorsam und Befehlsausführung durchgeführt, um u.a. zu klären, weshalb Nazi-Verbrecher wie Adolf Eichmann, der sich auf das Argument stützte, nur Befehle ausgeführt zu haben, dennoch als Mittäter bezeichnet werden müssen. Im (ethisch höchst kontrovers diskutierten) Milgram-Experiment[10] kommt es dazu, dass die Probanden Elektroschocks bis hin zur Tötung exekutieren an Personen, die in einem Nachbarraum sitzen und deren Schreie sie

10 Bei dem sogenannten ›Milgram-Experiment‹ handelt es sich um ein berühmtes Experiment des Psychologen Stanley Milgram zur Untersuchung der Frage, warum Menschen (autoritären) Anweisungen auch dann nachkommen, wenn sie mit ihrem Gewissen eigentlich nicht vereinbar sind.

hören können (die aber nicht wirklich getötet wurden). Der Frosch im Mixer, wenn auch nur virtuell, stellt dieselbe Herausforderung an Zivilcourage, Autoritätenhörigkeit und Gehorsam, auch wenn es ›nur‹ eine freiwillige Gratis-Unterhaltungssoftware ist.

Der Wirtschaftsethiker Thomas Beschorner hat im Rahmen der Diskussion über Sex-Roboter sehr treffend darauf hingewiesen: »Wie wir sie [Roboter] behandeln, prägt auch unseren Umgang untereinander. Das wirft ungelöste ethische Fragen auf« (BESCHORNER 2017). Dies gilt gleichermaßen für Maschinen, Tiere, virtuelle Frösche und das Milgram-Experiment. Beschorner verweist beispielsweise auf den ›Vergewaltigungs-Modus‹, den bestimmte Sex-Roboter haben sollen. Auch wenn die Maschine kein Bewusstsein oder Leidensempfinden hat (und selbst das wäre doch genaugenommen kein Grund), so weist das Verhalten des Menschen gegenüber einem anderen Menschen oder eben auch einem Ding oder einer Maschine auf die eigene Moralität hin.

Im Anderen erkennen wir uns selbst. Im Anderen gestalten wir uns selbst. Auch wenn der/die/das Andere eine Maschine ist.

So viel Selbstbewusstsein darf man – muss man – auch von den Menschen erwarten.

NACHTRAG: WESHALB ÜBERHAUPT NOCH EIN BUCH ZU KI IM ÖFFENTLICHEN DISKURS?

Ist das Buch als Medium überhaupt noch das adäquate Mittel zum Thema künstliche Intelligenz? Sollte man nicht vielmehr einen Social-Media-Kanal betreiben, auf Twitter zwitschern und Allianzen in den sozialen Medien zusammenscharen, um möglichst viel Aufmerksamkeit für das zu behandelnde Thema zu erzeugen? Ich möchte meinen: Nein. Dazu zwei Punkte zum Buch als Software zwischen Wetware und Algorithmus. Wetware bezeichnet dabei häufig das menschliche Hirn (oder auch schon dessen Nachbildungen).

Erstens ist das Wesentliche eines Buches nicht im Buch, sondern außerhalb des Buches. Das Wesentliche des Buchs geschieht erst im menschlichen Hirn und der etwas mühsamen Rekonstruktion von Gedanken aus Buchstaben. Diese kognitive Archäologie – so kommt es mir vor – fordert das Gehirn und schafft in dieser Langsamkeit des Lesens einen dritten Raum der Rezeption, eine Art Kino im Kopf. Vielleicht ist es dieser dritte Raum, in welchem sich die Ausbildung, Forderung und Förderung dessen, was wir Geist nennen mögen, vollzieht. Es sind gerade die Unzulänglichkeit und Reduziertheit der schwarz auf weiß angeordneten Buchstaben, die das Eigentliche, nämlich Geistige im Denken durch das Lesen erzeugen. Es sind die Leerstellen, die das ganz persönliche Kino im Kopf veranlassen (können). Mit dieser je individuellen Übersetzungsleistung in die Webe-Wolke des Vorwissens, des Assoziierens und des Ausformens erst machen wir uns den Text zueigen.[11]

Das wichtigste an einem Buch ist deshalb das Weiße zwischen den Buchstaben, das als die Leinwand für die Projektionen meines Lesens entsteht. Doch es ist noch mehr als eine Leinwand mit einem Film: Es ist die Erstehung einer Welt. Der kleinste gemeinsame Nenner ist das schwarze Buchstabensystem. Der größte individuelle Nenner ist die Lebendigkeit meines Geistes. Anders als datenbasierte Digitalinhalte wird das Buch nur und ausschließlich im Hirn ›ausgelesen‹, sobald die Visualität der Buchstaben durch den Sehnerv weiterverarbeitet wurde.

Das könnte auch beruhigen, da das Lesen eines (auf Papier) gedruckten Textes ein Residuum an Privatheit erzeugt, das im Digitalen – auf der sprichwörtlichen »Rückseite der Cloud« (SEELE/ZAPF 2017) – längst verloren gegangen ist. Im Gegenteil: Es sind die Agenten auf der Rückseite der Cloud, die des Lesers Geist auslesen, indem dieser online schaut, liest, kommentiert und immer wieder bewertet, bewertet, bewertet.

Das Buch ist diesseits meines Geistes. Digitales ist zwar auch diesseits meines Geistes, aber auch jenseits und damit diesseits anderer Intelligenzen und Dienste – und damit bereits schon auch jenseits meines Geistes und außerhalb meiner Kontrolle. Wenn jemand mitliest, was ich lese, lese ich nicht wie ich als ich allein lesen würde. Die Schere im Kopf beginnt mein Denken zu beschneiden. Der Panoptikum-Effekt im Digitalen veranlasst die Umerziehung (SEELE 2016). Der Hawthorne-Effekt bewirkt, dass wir so denken, wie wir die Beobachtung antizipieren. So

11 Überlegen Sie für einen Moment, ob nicht das neologistische Kompositum »Webe-Wolke« eine Kette an Assoziationen ausgelöst hat, die von einer eigenständigen Versinnbildlichung bis zum Ablehnen der Wortschöpfung als Geschwurbel vieles enthalten kann. Aber etwas passiert, nicht wahr?

zum Beispiel das Smartphone, der Computer oder das TV-Gerät, das mitunter eine Kamera hat und die Stimmung des Gesehenen durch Gesichtserkennung ausliest und interpretiert. Damit lässt sich beispielsweise erkennen, wie erfolgreich ein Werbespot war, wenn die Person darüber ins Lächeln kommen sollte. Auch die Lesegeschwindigkeit auf einem E-Book-Reader wird erfasst und zur Persönlichkeitsbeschreibung herangezogen.

All diese Beschneidungen, Überwachungen und Beeinflussungen finden während der Lektüre eines klassischen Buches nicht statt. Vielleicht gab es deshalb immer wieder Bücherverbrennungen oder die Dystopie der buchlosen Gesellschaft in Fahrenheit 451 (BRADBURY 1953).

Zweitens (und hier bedeutet zweitens auch, dass es aus dem vorangegangenen Punkt hervorgeht) ist das Lesen eines Buches wegen dieser geistigen Freiheit unstandardisiert – und Standardisierung ist der Schlüssel der Mächtigkeit von Digitalisierung. Es ist der schier unglaublichen Vision von E. M. Forster im Jahr 1909 als hellsichtige Vorwegnahme des Internets und seiner verhaltenskanalisierenden Wirkung zu verdanken, dass wir das Buch als Gegenpol des Digital-Informationellen begreifen können. In seiner Erzählung *Die Maschine steht still* beschreibt er das Relikt des Buches mit den Worten: »[...] auf dem kleinen Lesepult, lag ein Überbleibsel aus dem Zeitalter der Unordnung – ein Buch« (FORSTER 1909: 14). Im Zeitalter der Maschine, das Forster 1909 entwickelt und das verblüffende Ähnlichkeit zu dem sich uns immer näher aufdrängenden Internetzeitalter aufweist, ist jeder Aspekt des Lebens standardisiert und wird von der Maschine überwacht und kontrolliert. Wer Dave Eggers *The Circle* (EGGERS 2013) gelesen hat, kann die literarischen Welten damals wie heute übereinanderlegen und sieht deren Kongruenz. Das Digitale bedeutet also technisch gesehen *Ordnung* durch Kontrolle. Die Kontrolle wird durch Korrelation und Clusterbildung hervorgebracht – und das ist nichts Anderes als eine große Verstandardisierung und Verschlagwortung der

Welt. Das Buch ist also ein Relikt aus der Unordnung. Gut so! Denn aus Sicht der Maschine ist diese Unordnung die jeweilige Ordnung des unter Punkt 1 beschriebenen individuellen kognitiven Erstehens einer geistigen Landschaft und Lebendigkeit.

Diese beiden Punkte zusammengenommen sorgen in, drittens, dem dystopischen und fatalistischen Szenario einer Bedrohung der Menschen durch künstliche Intelligenz dafür, dass innerhalb der Ordnung der Unordnung, deren Medium das Buch ist, eine Parallelwelt geistiger menschlicher Aktivität entsteht, die wohl das Eigentliche der Intelligenz unter Menschen ist.

Man stelle sich vor, diesen letzten Satz müsste eine Maschine wie Rose auslesen. Als Leser müsste ich ihn wahrscheinlich zwei-, vielleicht dreimal in Ruhe lesen, um mir eine Vorstellung dessen zu machen, was darin angelegt ist. Mein Bild steht vor mir. Es ist meine Vorstellung. Der Philosoph und Goethe-Kenner Rudolf zur Lippe verwendet dafür den auf Hanna Arendt zurückgehenden Begriff der »Wirklichkeitsempfindung« (ZUR LIPPE 2008): Meine Kreativität produziert einen Sinn und dieser Sinn kann auch für andere Sinn machen, muss es aber nicht – und vielleicht ist dies der Sinn des buchbasierten Sinn-Machens, der Produktion von Kontingenz, die Maschinen-unlesbar ist.

So besteht der Wert des (physischen) Buches also darin, dass es eine Kette generationenübergreifender Kontingenz-Singularitäten in dem jeweiligen lesenden Menschen erzeugt, die (hoffentlich) niemals als Schutzwall gegen maschinelle Intelligenz verstanden werden muss – aber auch gleichwohl so verstanden werden kann. Umgekehrt gilt ebenso: Diese Form der Webe-Wolken-Kollektiv-Intelligenz über Raum-Zeit-Kontinuen hinweg kann ebenso eines Tages von Maschinen bevölkert werden. Freuen wir uns auf den Austausch – und pflegen gemeinsam das gedruckte Buch und seine Freiheit und unsere Freiheiten.

LITERATUR

APPLIN, S.; M. D. FISCHER: New Technologies and Mixed-Use Convergence: How Humans and Algorithms are Adapting to Each Other. IEEE *international symposium on technology and society (ISTAS)*, 2015, S. 1-6

APPLIN, S.: They Sow, They Reap: How Humans are Becoming Algorithm Chow. IEEE *Consumer Electronics Magazine* 7 (2), 2018, S. 101-102

APPLIN, S.: What we sacrifice for automation. 2019. https://www.fastcompany.com/90336550/how-much-are-we-sacrificing-for-automation [07.05.2019]

ARMBRUSTER, A.: Ich sorge mich um Menschen, die denken wie Maschinen. In: *Frankfurter Allgemeine Zeitung*, 2017. https://www.faz.net/aktuell/wirtschaft/diginomics/apple-chef-tim-cook-sorgt-sich-um-wie-menschen-denkende-maschinen-15322270.html [06.02.2019]

BESCHORNER, T.: Dingsbums – Sex mit der Maschine. In: *Die Zeit Online*, 2017. http://www.zeit.de/wirtschaft/2017-06/sex-roboter-gummipuppe-messe [14.05.2017]

BESCHORNER, T.: *In schwindelerregender Gesellschaft: Gleichgewichtsstörungen der modernen Welt*. Hamburg [Murmann Verlag] 2019

BETSCHON, S.: Warten auf die Intelligenzexplosion. In: *Neue Zürcher Zeitung*, 2018. https://www.nzz.ch/digital/warten-auf-die-intelligenzexplosion-ld.1446855 [04.02 2019]

BEUTH, P.: Twitter-Nutzer machen Chatbot zur Rassistin. In: *Die Zeit Online*, 2016. http://www.zeit.de/digital/internet/2016-03/microsoft-tay-chatbot-twitter-rassistisch [24.03.2016]

BEYSE, J.: *Fremd wie das Licht in den Träumen der Menschen*. Zürich [diaphanes] 2017

BOSTROM, N.: *Superintelligenz: Szenarien einer kommenden Revolution*. Frankfurt/M. [Suhrkamp Verlag] 2014

BOSTROM, N.: *Die Zukunft der Menschheit – Aufsätze*. Frankfurt/M. [Suhrkamp Verlag] 2018

BOYD, D.; K. CRAWFORD: Critical Questions for Big Data: Provocations for a Cultural, Technological, and Scholarly Phenomenon. In: *Information, Communication & Society*, *15*(5), 2012, S. 662-679. doi: 10.1080/1369118X.2012.678878

BRADBURY, R.: *Fahrenheit 451*. New York, NY [Ballantine Books] 1953

BREITHUT, J.: iPhone. Die 20 besten SiriSprüche. In: *Spiegel Online*, 2016. http://www.spiegel.de/netzwelt/gadgets/siri-die-besten-sprueche-der-iphone-sprachassistentin-a-1086261.html [11.04.2016]

BRENNER, A.: »Roboterethik« – Verantwortung setzt Bewusstsein voraus. In: *Neue Zürcher Zeitung*, 2018. https://www.nzz.ch/meinung/roboter-und-ethik-verantwortung-setzt-bewusstsein-voraus-ld.1435002 [03.12.2018]

BRINKLOW, A.: *Google Consumes as Much Electricity as San Francisco*. 2016. https://sf.curbed.com/2016/12/7/13875996/google-san-francisco-electricity-power [25.09.2019]

BROCKMAN, J.: *Was sollen wir von Künstlicher Intelligenz halten?* Frankfurt/M. [S. Fischer Verlag] 2017

BRUNDAGE, M. et al.: *The Malicious Use of Artificial Intelligence: Forecasting, Prevention, and Mitigation*. Oxford, UK [Malicious AI Report] 2018. https://arxiv.org/pdf/1802.07228

BURCKHARDT, M.: *Philosophie der Maschine*. Berlin [Matthes & Seitz] 2018a

BURCKHARDT, M.: *Eine kurze Geschichte der Digitalisierung*. München [Penguin Verlag] 2018b

CALISKAN, A.; J. J. BRYSON; A. NARAYANAN: Semantics Derived Automatically from Language Corpora Contain Human-Like Biases. In: *Science, 356*(6334), 2017, S. 183-186. doi: 10.1126/science.aal4230.

CESCA, B.: A Conversation with Legendary Animator ›Joe Cartoon‹ on Life, Music and Frogs in Blenders. In: *Huffingtonpost*, 2015. https://www.huffingtonpost.com/bob-cesca/a-conversation-with-legen_b_6432124.html?guccounter=1 [07.02.2019]

CHESNEY, M.: *Die permanente Krise: Der Aufstieg der Finanzoligarchie und das Versagen der Demokratie*. Zürich [Versus Verlag] 2019

CRAWFORD, K.; R. CALO: There is a Blind Spot in AI Research. In: *Nature, 538*(7625), 2016, S. 311-313. doi: 10.1038/538311a.

DICKE, W.; D. HELBING: *iGod*. Amazon Publisher 2017

DUBOIS, L.: Amazon patentiert Überwachungs-Armbänder. In: *Frankfurter Allgemeine*, 2018. https://www.faz.net/aktuell/wirtschaft/diginomics/amazon-patent-auf-ueberwachungs-armbaender-gewaehrt-15427727.html [23.11.2018]

EGGERS, D.: *The Circle*. New York [Alfred A. Knopf] 2013

ELGAN, M.: Uh-Oh: Silicon Valley is building a Chinese-style social credit system, 2019. https://www.fastcompany.com/90394048/uh-oh-silicon-valley-is-building-a-chinese-style-social-credit-system [06.11.2019]

FAZ: Mark Zuckerberg schimpft mit Elon Musk. In: FAZ, 25.7.2017. http://www.faz.net/aktuell/wirtschaft/unternehmen/kuenstliche-intelligenz-mark-zuckerberg-schimpft-mit-elon-musk-15121291.html [06.11.2019]

FORSTER, E. M.: *Die Maschine steht still*. Hamburg [Hoffmann und Campe] (1909) 2016

FREY, C. B.; M. A. OSBORNE: *The Future of Employment: How susceptible are jobs to computerization?* 2013. https://www.oxfordmartin.ox.ac.uk/downloads/academic/The_Future_of_Employment.pdf [15.11.2019]

FRITSCHE, P.: Fehler durch Autokorrektur. 2019. https://www.srf.ch/news/panorama/fehler-durch-autokorrektur-adrian-statt-andrina-familie-muss-neues-flugticket-kaufen [06.11.2019]

FRY, H.: *Hello World: Was Algorithmen können und wie sie unser Leben verändern*. München [C.H. Beck] 2019

GAGGIOLI, A.: Artificial Intelligence à la carte. In: *Cyberpsychology, Behavior, and Social Networking*. *21*(3), 2018, S. 210-211. doi: 10.1089/cyber.2018.29106.csi

GENTH, R.: *Über Maschinisierung und Mimesis: Erfindungsgeist und mimetische Begabung im Widerstreit und ihre Bedeutung für das Mensch-Maschine-Verhältnis*. Frankfurt/M. [Peter Lang Verlag] 2002

GRAY, M.; S. SIDDHARTH: *Ghost Work: How to Stop Silicon Valley from Building a New Global Underclass*. Boston [Houghton Mifflin Harcourt] 2019

GREINER, V.: Forscher zum Umgang mit künstlicher Intelligenz: Wir müssen Roboter wie Kinder erziehen. In: *Blick*, 2018. https://www.blick.ch/news/wirtschaft/forscher-zum-umgang-mit-kuenstlicher-intelligenz-wir-muessen-roboter-wie-kinder-erziehen-id6054139.html [04.08.2017]

GUNKEL, D.: *Robot Rights*. Boston [MIT Press] 2018

HARARI, N.: Vor einer vergleichbaren Herausforderung hat die Menschheit noch nie gestanden. In: *Neue Zürcher Zeitung*, 2019. https://www.nzz.ch/feuilleton/yuval-noah-harari-der-mensch-kann-gehackt-werden-ld.1496741 [23.07.2019]

HEAVEN, D.: Why Deep-Learning AIs are so Easy to Fool. Artificial-intelligence Researchers are Trying to Fix the Flaws of Neural Networks. In: *Nature* 574, 2019, S. 163-166

HELBING, D.: *The Automation of Society is Next: How to Survive the Digital Revolution.* California [Smashwords Edition] 2015

HELBING D.: »Big Nudging« – zur Problemlösung wenig geeignet. In: KÖNNEKER, C. (Hrsg.): *Unsere digitale Zukunft.* Berlin [Springer Heidelberg] 2017a, S. 49-52

HELBING, D.: Ein Ökosystem von Ideen. In: BROCKMAN, J. (Hrsg.): *Was sollen wir von Künstlicher Intelligenz halten?* Frankfurt/M. [S. Fischer Verlag] 2017b, S. 515-517

HELBING, D.; B. FREY; G. GIGERENZER; E. HAFEN; M. HAGNER; Y. HOFSTETTER; J. VAN DEN HOVEN; R. ZICARI; A. ZWITTER: Will Democracy Survive Big Data and Artificial Intelligence. In: *ScientificAmerican*, 2017. https://www.scientificamerican.com/article/will-democracy-survive-big-data-and-artificial-intelligence/ [05.02.2019)

HORSTMANN, U.: *Das Untier: Konturen einer Philosophie der Menschenflucht.* [Medusa Verlag] 1983

HUET, E.: Pushing the Boundaries of AI to Talk to the Dead. In: *Bloomberg Businessweek*, 2016. https://www.bloomberg.com/news/articles/2016-10-20/pushing-the-boundaries-of-ai-to-talk-to-the-dead [05.02.2019]

HULVERSCHEIDT, C.: Die Vermessung des Kunden. *Süddeutsche Zeitung*, 2018. https://www.sueddeutsche.de/wirtschaft/konsum-die-vermessung-des-kunden-1.4264260 [04.02.2019]

HUNT, E.: Tay, Microsoft's AI Chatbot, Gets a Crash Course in Racism from Twitter. In: *The Guardian*, 2016. https://www.theguardian.com/technology/2016/mar/24/tay-microsofts-ai-chatbot-gets-a-crash-course-in-racism-from-twitter [26.02.2019]

JAKOWENKO, A.: Echo/Google Home Infinite Loop. In: *Youtube*, 2016. https://www.youtube.com/watch?v=ZfCfTYZJWtI&feature=youtu.be [03.12.2017]

JOHNSON, K.: *Defense Innovation Board Unveils AI Ethics Principles for the Pentagon.* 2019. https://venturebeat.com/2019/10/31/

defense-innovation-board-unveils-ai-ethics-principles-for-the-pentagon/ [06.11.2019]

KANNING, T.: Deutsche-Bank-Chef stellt erheblichen Stellenabbau in Aussicht. In: *Frankfurter Allgemeine*, 2017. https://www.faz.net/aktuell/wirtschaft/deutsche-bank-john-cryan-plant-erheblichen-stellenabbau-15284756.html [03.12.2018]

KELLOG, K.; M. VALENTINE; A. CHRISTIN: *Algorithms at Work: The New Contested Terrain of Control*. Academy of Management Annals. 2019. https://doi.org/10.5465/annals.2018.0174

KITTLITZ, A.; J. GERNERT: Treffen sich zwei Computer. Sagt der eine ... In: *Die Zeit Online*, 2016. http://www.zeit.de/2016/03/kuenstliche-intelligenz-bots-gespraech/komplettansicht [22.04.2016]

KLING, M. U.: *Qualityland*. Berlin [Ullstein Verlag] 2017

KŒNIG, G.: La fin de l'individu: Voyage d'un philosophe au pays de l'intelligence artificielle. In: *L'Observatoire*, 2019

KOETSIER, J.: AI Assistants Ranked: Google's Smartest, Alexa's Catching up, Cortana Surprises, Siri Falls Behind. In: *Forbes*, 2018. https://www.forbes.com/sites/johnkoetsier/2018/04/24/ai-assistants-ranked-googles-smartest-alexas-catching-up-cortana-surprises-siri-falls-behind/#53f4db62492a [04.02.2019]

KÖHLER, T. R.: *Der programmierte Mensch - Wie uns Internet und Smartphone manipulieren*. Frankfurt/M. [Frankfurter Allgemeine Zeitung Verlag] 2012

KÖRBEL, A.: *Unsere Stimme verrät unsere Stimmung*. In: *brand eins*, 2019. https://www.brandeins.de/magazine/brand-eins-wirtschaftsmagazin/2019/gefuehle/unsere-stimme-verraet-unsere-stimmung [06.11.2019]

KÜHL, E.: Meine Freundin ist kein Gorilla. In: *Die Zeit Online*, 2015. http://www.zeit.de/digital/internet/2015-07/google-fotos-algorithmus-rassismus [14.06.2017]

LAFOLLETTE, H.; N. SHANKS: The Origin of Speciesism. In: *Philosophy, 71*(275), 1996, S. 41-61

LAPOWSKY, I.: New $5 million X Prize for AI that Gives the Best TED Talk. In: *Wired*, 2016. https://www.wired.com/2016/02/new-5-million-x-prize-for-ai-that-gives-the-best-ted-talk/?mbid=nl_21816 [04.12.2017]

LEVITT, G. M.: *The Turk, Chess Automation*. Jefferson, NC [McFarland & Company, Inc. Publishers] 2007

LIGGIERI, K.: *Zur Domestikation des Menschen. Anthropotechnische und anthropoetische Optimierungsdiskurse*. Münster [Lit Verlag] 2014

LOBE, A.: Sind Sie ein »LOL«-Typ? In: *Frankfurter Allgemeine Woche*, 32, 2017, S. 53

LOBE, A.: Alexa ist jetzt Feministin. In: *Frankfurter Allgemeine Medien*, 2018. http://www.faz.net/aktuell/feuilleton/medien/alexa-ist-jetzt-feministin-echo-wurde-umprogrammiert-15429673.html [03.02. 2018]

LOBE, A.: *Speichern und Strafen. Die Gesellschaft im Datengefängnis*. München [C.H. Beck] 2019a

LOBE, A.: In China und Japan werden reihenweise Roboter »entlassen« – weil sie zu ineffektiv arbeiten. In: *Luzerner Zeitschrift*, 2019b. https://www.luzernerzeitung.ch/wirtschaft/in-china-und-japan-werden-reihenweise-roboter-entlassen-weil-sie-zu-ineffektiv-arbeiten-ld.1135470 [04.11.2019]

LÜTHI, T.: Der Blick ins Erbgut soll unsere Zukunft vorhersagen. In: NZZ *am Sonntag*, 2018. https://nzzas.nzz.ch/wissen/gene-umwelt-sozialwissenschaftler-verhalten-erklaeren-ld.1444819?reduced=true [04.02.2019]

MARCUS, G.: Deep Learning: A Critical Appraisal. In: *arXiv*: 1801.00631, 2018

MATHUR, M. B.; D. B. REICHLING: Navigating a Social World with Robot Partners: A Quantitative Cartography of the Uncanny Valley. In: *Cognition*, 146, 2016, S. 22-32

MCCARTHY, J.; M. L. MINSKY; N. ROCHESTER; C. E. SHANNON: A Proposal for the Dartmouth Summer Research Project on Artificial Intelligence. 1955. http://jmc.stanford.edu/articles/dartmouth/dartmouth.pdf [30.12.2018]

MEIER, C.: Künstliche Intelligenz analysiert Hintergedanken. In: *Neue Zürcher Zeitung*, 2018. https://www.nzz.ch/digital/kuenstliche-intelligenz-analysiert-hintergedanken-ld.1444580?mktcid=nled&mktcval=101&kid=_2018-12-14 [04.02.2019]

MIMS, C.: Advertising's New Frontier: Talk to the Bot. In: *The Wall Street Journal*, 2014. https://www.wsj.com/articles/advertisings-new-frontier-talk-to-the-bot-1406493740 [25.10.2018]

MÖHLMANN, M.; O. HENFRIDSSON: *What People Hate About Being Managed by Algorithms, According to a Study of Uber Drivers*. 2019. https://hbr.org/2019/08/what-people-hate-about-being-managed-by-algorithms-according-to-a-study-of-uber-drivers [04.11.2019]

NIETZSCHE, F.: *Also sprach Zarathustra*. Leipzig [E.W. Fritsch] 1886

OBRADOVICH, N.; W. POWERS; M. CEBRIAN; I. RAHWAN: Beware Corporate ›Machinewashing‹ of AI. In: *The Boston Globe*, 2019. https://www.bostonglobe.com/opinion/2019/01/07/beware-corporate-machinewashing/IwB1GkAxBlFaOzfo8WhoIN/story.html [04.02.2019]

PENTLAND, A.: *Social physics: How Good Ideas Spread – The Lessons from a New Science*. New York, USA [Penguin Press] 2014

PRIDDAT, B. P.: Wer mit Automaten unhöflich umgeht, den bedienen sie nicht. In: *Forum Wirtschaftsethik*, 2017. http://forum-wirtschaftsethik.de/wer-mit-automaten-unhoeflich-umgeht-den-bedienen-sie-nicht/ [14.06.2017]

PRIDDAT, B. P.: Höflich, intelligent, überrascht. Wie werden wir lernen, uns zu Automaten zu verhalten? In: *Working Paper*: Professur für Wirtschaft und Philosophie, Wirtschaftsfakultät, Universität Witten/Herdecke 2019

ROEHR, T.; D. HARNACK; O. LIMA; H. WÖHRLE; F. KIRCHNER: *Introducing Q-Rock: Towards the Automated Self-Exploration and Qualification of Robot Behaviors.* In: Poster at the ICRA 2019 Workshop on Robot Design and Customization: Opportunities at the Intersection of Computation and Digital Fabrication, (ICRA-2019), Montreal, Canada, n.n., 1-2

RUSSELL, S.: Werden sie uns zu besseren Menschen machen? In: BROCKMAN, J. (Hrsg.): *Was sollen wir von Künstlicher Intelligenz halten?* Frankfurt/M. [S. Fischer Verlag] 2017, S. 425-429

RUSS-MOHL, S.: *Die informierte Gesellschaft und ihre Feinde: Warum die Digitalisierung unsere Demokratie gefährdet.* Köln [Herbert von Halem] 2017

SASSELOV, D. D.: KI ist I. In: BROCKMAN, J. (Hrsg.): *Was sollen wir von Künstlicher Intelligenz halten?* Frankfurt/M. [S. Fischer Verlag] 2017, S. 44-46

SCHÄTZING, F.: *Die Tyrannei des Schmetterlings.* Köln [KiWi] 2018

SCHLIETER, K.: *Die Herrschaftsformel: Wie Künstliche Intelligenz uns berechnet, steuert und unser Leben verändert.* Frankfurt/M. [Westend] 2015

SCHLITTLER, T.: *Leibwächter für den CEO, E-Mail Überwachung für die Angestellten.* In: *Blick*, 2019. https://www.blick.ch/news/wirtschaft/leibwaechter-fuer-den-ceo-e-mail-ueberwachung-fuer-die-angestellten-der-sicherheitswahn-der-credit-suisse-id15552284.html [06.11.2019]

SCHMIDHUBER, J.: Deep Learning in Neural Networks: An Overview. In: *Neural Networks, 61*, 2015, S. 85-117. doi: 10.1016/j.neunet.2014.09.003

SCHMIDT, E.; J. COHEN: *The New Digital Age: Transforming Nations, Businesses, and Our Lives.* New York, NY [Vintage Books] 2014

SCHÖNLEBEN, D.: Skynet grinst nicht. In: *Wired*, No. 4, 2017, S. 40

SEELE, K.: *Das »geistige Band«: Naturforschung, Didaktik und Poesie in Goethes Gedichtsammlung Gott und Welt.* Würzburg [Königshausen und Neumann] 2008

SEELE, P.: *Philosophie der Epochenschwelle*. Berlin [Walter de Gruyter] 2008

SEELE, P.: Tierversuchsethik und Transaktionskosten. In: *Güterabwägung zur Bewilligung von Tierversuchen*. Zürich [Collegium Helveticum] 2011, S. 15-22

SEELE, P.: Envisioning the Digital Sustainability Panopticon: A Thought Experiment of How Big Data May Help Advancing Sustainability in the Digital Age. In: *Sustainability Science, 11*(5), 2016, S. 845-854. doi: 10.1007/s11625-016-0381-5

SEELE, P.; L. C. ZAPF: *Die Rückseite der Cloud: Eine Theorie des Privaten ohne Geheimnis*. Berlin [Springer Berlin Heidelberg] 2017. doi: 10.1007/978-3-662-54758-8.

SEELE, P.: Ab wann kann man (legitim) vom Digitalen Zeitalter sprechen? Eine Untersuchung aufbauend auf Hans Blumenbergs Konzept der Epochenschwelle samt einer historiographischen Typologie von Epochenwenden. In: SÖLCH, D. (Hrsg.): *Philosophische Sprache zwischen Tradition und Innovation*. Frankfurt/M. [Peter Lang] 2018a

SEELE, P.: Maschinen- und Algorithmenethik aus Sicht der Theorie moralischer Stämme. In: *Neue Zürcher Zeitung*, 2018b. https://www.nzz.ch/meinung/roboterethik-und-die-theorie-der-moralischen-staemme-ld.1441600 [04.02.2019]

SEELE, P.: »What makes a Business Ethicist? A Reflection on the transition from applied philosophy to critical thinking«. In: *Journal of Business Ethics*, 150,3, 2018c, S. 647-565. DOI 10.1007/s10551-016-3177-8

SIMON, H. A.: *The Sciences of the Artificial*. Cambridge [MIT Press] 1969

SPITZER, M.: *Digitale Demenz: Wie wir uns und unsere Kinder um den Verstand bringen*. München [Droemer Verlag] 2012

TEMPERTON, J.: Hitchhiking Robot that Relied on Human Kindness Found Decapitated, 2015. In: *Wired*. https://www.wired.co.uk/article/hitchbot-usa-vandalised-philadelphia [04.02.2019]

TOB: *Vladimir & Estragon: Wenn zwei Roboter über Chuck Norris reden* ... 2017. https://www.20min.ch/digital/news/story/Wenn-zwei-Roboter-ueber-Chuck-Norris-reden-----25580721 [26.11.2018]

TURING, A. M.: Computing Machinery and Intelligence. In: *Mind, LIX*(236), 1950, S. 433-460. doi: 10.1093/mind/LIX.236.433

VAN DER MEULEN, S.; M. BRUINSMA: Man as »aggregate of data«. In: *AI & Society*, 2018, S. 1-12. doi: 10.1007/s00146-018-0852-6

WELZER, H.: *Die smarte Diktatur: Der Angriff auf unsere Freiheit*. Frankfurt/M. [S. Fischer Verlag] 2017

WERNER, J.: *Vermessung der Intelligenz*. 2017, Januar. http://juergen-werner.com/vermessung-der-intelligenz/ [15.01.2017]

WILCOX, B.: Rose. *Brillig Understanding, Inc*. 2016. http://brilligunderstanding.com/rosedemo.html [16.05.2016]

WILKER, M.: *Künstliche Intelligenz als technisierte Kommunikation: Das Verhältnis von sozialen und informationsverarbeitenden Systemen*. Frankfurt/M. [Peter Lang] 2002

WIRZ, C.: OECD – Das Institut für Normung. In: *Neue Zürcher Zeitung*, 2018. https://www.nzz.ch/meinung/kolumnen/oecd-das-institut-fuer-normung-ld.1444110 [04.02.2019]

ZUBOFF, S.: *In the Age of the Smart Machine*. New York [Basic Books] 1984

ZUBOFF, S.: *Das Zeitalter des Überwachungskapitalismus*. Frankfurt/M. [Campus Verlag] 2018

ZUR LIPPE, R.: Vorwort. In: SEELE, K.: *Das »geistige Band«: Naturforschung, Didaktik und Poesie in Goethes Gedichtsammlung Gott und Welt*. Würzburg [Könighausen und Neumann] 2008, S. 5-6